旅游是综合性产业，是拉动经济发展的重要动力。旅游是修身养性之道，中华民族自古就把旅游和读书结合在一起，崇尚“读万卷书，行万里路”。

——习近平

新时代
旅游高质量发展案例

首届湖南旅游发展大会组委会办公室○主编

郑群明○执行主编

湖南人民出版社 ·长沙·

点评专家

钟林生：中国科学院地理科学与资源研究所旅游与社会文化地理研究室主任、博士生导师

张朝枝：中山大学旅游学院博士生导师

耿松涛：海南大学旅游学院博士生导师

粟路军：中南大学商学院教授、博士生导师

唐承财：北京第二外国语学院区域旅游研究与规划中心主任、博士生导师

邢慧斌：河北大学国际合作处副处长、博士生导师

胡　兵：南昌大学旅游学院会展经济与管理系主任

编写成员

郑群明　贺凯健　孟奕爽　罗文斌　曾斌丹
张洪超　唐　绒　扈嘉辉　田　甜　李　玮
黄雨晴　李　芳　陈子奇　龙文丽　曹　灵
侯　佩　袁　利　洪心妍　费文静

目录

01

乡村振兴 旅游惠民

全面推进乡村振兴，要立足特色资源，坚持科技兴农，因地制宜发展乡村旅游、休闲农业等新产业新业态。

02

绿水青山
金山银山

绿水青山、冰天雪地都是金山银山。保护生态和发展生态旅游相得益彰，这条路要扎实走下去。

03

多元组合 业态共生

加快发展旅游经济，建设旅游经济强省，必须坚持创新与继承相统一，在继承中创新，在创新中发展，不断求新、求变、求精，大力弘扬优秀的民族文化和民族精神。

04

互融互促 发展共赢

文化产业和旅游产业密不可分，要坚持以文塑旅、以旅彰文，推动文化和旅游融合发展，让人们在领略自然之美中感悟文化之美、陶冶心灵之美。

05

全域谋划 统筹协调

发展全域旅游，路子是对的，要坚持走下去。

全面推进乡村振兴，
要立足特色资源，
坚持科技兴农，
因地制宜发展乡村旅游、
休闲农业等新产业新业态。

——习近平

01

乡村振兴 旅游惠民

- 旅游长廊串起美丽乡村
  ——河北承德坝上一号风景大道
- 三产融合助力共同富裕
  ——陕西袁家村
- 精准扶贫见证山乡巨变
  ——湖南十八洞村
- 『半条被子』捂热红色旅游
  ——湖南汝城沙洲村

旅游长廊串起美丽乡村

——河北承德坝上一号风景大道

在河北向内蒙古高原的过渡地带，有一片陡然升高、呈阶梯状的丰美草原，被称为“坝上”。这里天空蔚蓝、绿草如茵、林木森然，是天然的避暑胜地。置身于草青云淡、繁花点缀的茫茫碧野中，似有“天穹压落，云欲擦肩”之感。远远眺望，有一条崭新的大道蜿蜒其中，为坝上草原增添了一道独特的风景，它就是国家一号风景大道。

在过去，承德旅游长期受限于旅游资源分散、景点缺乏串联、产业集群效应弱等问题，尤其是偏远的坝上地区，一大批优质旅游资源常年“深藏闺中”。为此，借举办第三届河北省旅游产业发展大会之势，河北省委、省政府打造了国内首条国家注册的“一号风景大道”。这是一条依托美丽的自然风光打造的大型旅游经济带，东起塞罕坝国家森林公园，经御道口牧场管理区、围场满族蒙古族自治县，西至丰宁满族自治县大滩镇，全长180公里，投资260亿元，包括6大组团、20个沿线旅游服务项目。其平均海拔1300米，囊括森林、草原、湖泊、湿地、山地等多种自然景观，被誉为“水的源头、云的故乡、花的世界、林的海洋、游客休闲度假的天堂”。

国家一号风景大道的成功打造实现了多元化发展，有效带动了 6.2 万贫困人口脱贫致富，入选全国乡村旅游扶贫示范案例，助力河北乡村振兴。

发展基础

◎ 自然风景独特多样

承德坝上一号风景大道是蒙古高原与华北平原过渡区的地理分界线。该条风景大道根据周边原有自然风景建设为林海畅游、山地体验、草原之旅 3 个景段，沿途打造草原、森林、河流、山地、乡村等不同类型游径系统，以 180 公里的旅程带领旅人感受多样风景的转换。

◎ 地方文化底蕴深厚

承德坝上一号风景大道是游牧文明与农耕文明的分界线。

河北省森林里的路

蒙元文化、满族民俗、皇家文化、边塞文化在此相互交融，繁荣共生。这里是清代帝王木兰秋狝的皇家御道，沿途散布木兰围场72围，皇家行宫、驿站遗存众多。据史料记载，康熙三十年（1691），为解决蒙古内部矛盾，进一步加强对蒙古的管理，康熙皇帝亲赴多伦主持“七溪会盟”，为此专修一段“御道”。此御道位于小滦河河口，故小滦河河口称“御道河口”，简称“御道口”，沿用至今。

◎ 政策机遇优良

为了更好地满足人民日益增长的物质文化需求，落实习近平总书记“河北要作为京津生态支撑区域、非首都功能疏解区”等要求，河北省委、省政府致力打造国家一号风景大道。第三届河北省旅游产业发展大会在承德市举办，更是将“国家一号风景大道”推介为核心旅游线路。

典型做法

◎ 多方合作：共建特色旅游生态之路

河北省委、省政府与承德市委、市政府提出将国家一号风景大道打造为独具魅力的集滑雪、休闲、观光、温泉等旅游项目于一体的坝上旅游区，并致力于把景观资源发挥到极致，创出在全国乃至世界上有影响力的旅游品牌。

河北省交通运输厅按照“国内一流、省内领先、功能完善、自然天成”的建设理念，将公路与生态、文化传播、消费、景区等旅游资源深度融合，建设出一条功能设施完善，有慢行系统、观景平台、停车港湾、交通驿站的坝上旅游公路，建立坝上地区“旅游景区快速联通，公路文化自成一景，休闲度假动静结合，以路带游，以游养路”的综合旅游交通体系，实现旅游与交通的融合发展。

2019 年 1 月，“一号风景大道”商标成功注册，成为国内首家商标注册的风景道。这使承德市在第三届河北省旅发大会期间重磅推出的国家一号风景大道景区有了知识产权法律保护。

◎ 多维建设：打造可持续发展之路

完善公共服务系统。在沿线扎实完善旅游基础服务功能，深入推进旅游厕所革命，全面完善旅游标识系统和旅游咨询服务体系，提升服务能力和水平。建设景区公路、乡村旅游公路 220 公里，改建新建停车场 30 个、增加停车位 5000 个；建设旅游厕所 120 个、旅游标识牌 280 块；新建行宫 3 个、驿站 5 个、房车营地 2 个设置，游客服务中心 12 个；新增旅游酒店、乡村民宿 120 家，床位 5000 张，3A 级以上厕所 18 个；设计了 5 类标识标牌解说体系、30 公里自行车慢行系统，可全方位满足不同游客的个性化需求。在围场双叉河、丰宁鱼儿山建设服务区（驿站）2 处，建设港湾式停靠站及观景台共 14 个，提供停车、观景、如厕、休息、信息服务等便民服务。

引入智慧新科技。风景大道通过建设 5 个智慧旅游平台、5 个智慧旅游展示点，实现 Wi-Fi 信号、智慧旅游体系全覆盖。游客可在游览风景大道过程中，通过 AR、VR 互动体验，弧形环幕体验区等高科技手段，享受到数字化导航、导游、导览、导购等多种服务，让游览更“数字”、更“智慧”。同时，在先进的 VR 设备支持下，游客可以在相应的 VR 体验馆感受历

坝上草原放牧

史，亲历在当地发生的著名战役。

打造沿途特色核心景点。围绕一号风景大道打造5A级旅游景区塞罕坝国家森林公园及七星湖假鼠草湿地公园，包含极具特色的草原、森林景观与大小不等、形状各异的天然湖泊。4A级景区御道口风景区打造出《木兰秋狝大典》实景演出，神仙谷·七彩森林景区则主打满族文化、生态休闲相融合的旅游品牌。此外还有太阳湖景区、小滦河国家湿地公园等独具魅力的自然景点和中国马镇、大汗行宫、康熙饮马驿站等富有地方历史文化特色的文化景点。

升级绿化工程建设。重点实施一号风景大道187.2公里绿化提升工程。在25个重点路段两侧栽种波斯菊、柳兰，搭配当地特有的野花，打造成花海景观。按照“因地制宜，和谐自然，不造景，不遮挡”的原则，减少对高大乔木树种的使用，达到公路绿化与坝上自然风光自然过渡的效果，实现路景协调，浑然一色。

深化建设漫游体验线路。为了让游客更好地享受国家一号风景大道风光之美，在风景大道的主路旁又建设了一条自行车道，称为“慢行系统”，根据沿途景观特点，确立林海畅游、山地体验、草原之旅3个主题，一期建设26公里。这条慢行系统既深入景区闺中探秘，还连接村庄曲径通幽，并同主路一起，与沿线森林、草原、湖泊、湿地、村庄及蓝天、白云，组成一幅美丽画卷。

◎ 重点发力：建设振兴致富大道

突出文旅融合，推进“非遗+扶贫”。沿线设立了丰宁剪纸、滕氏布糊画等非遗扶贫就业工坊，打造了丰宁非遗传承基地 2A 级旅游景区，吸引了妈妈制造基金等 3 家大型文化企业合作搭建“非遗 + 扶贫”产品销售平台，使丰宁县成为黄河以北唯一的全国十大“非遗 + 扶贫”试点县，带动了大批贫困户就近就地成为非遗商品生产者。

推行“三权”流转，让“资产”变“收益”。引导贫困户将山场、土地、闲置农宅流转给首旅寒舍等旅游企业，结合坝上农业产业结构调整，因地制宜打造了 8 万亩中药材花海，建成了坝上伊云、万家客栈等一批高端民宿，每户年均获利 5500 多元，实现“旱涝保收”。

推行景区带村，让“穷乡”变“金窝”。将景区与周边村庄同步规划，木兰秋狝、阿鲁布拉克围、茶盐古道、国家牧场、契丹部落、中国马镇六大景村共建组团，投资 6 亿元打造

塞罕坝国家森林公园夏季风光

了55个旅游化美丽乡村，带动了340户贫困群众发展农家院、经营土特产，当起“小老板”。

推行能人带户，让“大户”变“头雁”。支持乡村旅游经营大户带动贫困户组成专业合作社，已搭建“万家客栈”“柳塘人家”“龙头皇家客栈”“共享农庄”农户加盟平台4个，带动坝上地区旅游从业人员达到4万人，人均增收6000元。

推行龙头带动，让“输血”变“造血”。充分发挥龙头企业带动能力强的优势，通过开设景区扶贫购物店、订单采购、提供就业等方式，引领贫困群众不断增强自我致富能力。目前承德市已打造中国马镇、七彩森林、天门山景区等旅游扶贫龙头企业19家。

亮点成效

◎ 独具特色，打造地方风景大道新品牌

2018年一号风景大道正式亮相，至今已经吸引了数以万计的游客慕名前来，成功入选“此生必驾36路”。其将道路与风景相结合的举措，阐释了“最好的风景在路上”这一理念，因而被称为“中国生态旅游新标杆”，2020年在经地市征集、网友投票、专家论证等程序后荣获“河北旅游百大人气目的地”。一号风景大道的建设助推了承德市生态旅游发展，成为全市旅游一张新的“王牌”。

◎ 助力经济，推动地方产业再发展

坚持生态优先、绿色发展，将坝上丰富的生态旅游资源与鲜明的历史文化积淀相结合，以风景道为核心吸引物，沿线打

造了一批生态环保、文旅融合的新业态产品，促进了游客数量大幅增长，极大地带动了周边乡村餐饮、住宿、旅游商品等服务配套产业发展，带来了大量就业创业机会。

◎ **社区参与，催化旅游扶贫开花结果**

一号风景大道建成后一个月，承德坝上地区接待游客 200 多万人次，旅游综合收入 23.4 亿元，引起全社会广泛关注。目前，坝上地区有近 1/3 的农牧民直接或间接从事旅游活动，旅游收入占到农牧民总收入的 20% 以上，2019 年整体脱贫。该大道有效辐射带动了坝上、坝下周边地区 49 个乡镇、395 个行政村发展，助推 6.2 万贫困人口脱贫致富奔小康。在第七届中国旅游产业发展年会上，承德国家一号风景大道荣获 2019 旅游扶贫年度典型案例。

坝上草原风光

专家点评

· 邢慧斌 ·

国家一号风景大道是一条融合自然和人文的观景长廊，也是一条造福地方的致富大道，其“多方合作、多维建设、重点发力”的旅游发展做法为欠发达地区巩固拓展脱贫攻坚成果、同乡村振兴有效衔接提供了可资借鉴的经验。河北张家口和承德的坝上地区原为深度贫困区，借举办第三届河北省旅发大会之势，成功打造了国家一号风景大道，它串联起沿线的众多旅游景区，并充分挖掘剪纸、布糊画等非遗资源，完善旅游公共服务系统，深化游客自驾游和骑行体验。同时，创新旅游投融资模式，积极吸纳当地村民就业，助力扶贫攻坚，建立贫困户与景区的长效利益联结机制，产生了良好的经济效益、生态效益和文化效益。

三产融合助力共同富裕

——陕西袁家村

在陕西关中平原腹地，坐落着一座古色古香的村落，它北靠山地，南接平原，与山水天然相容，这正是全国知名的传统村落之一——袁家村。袁家村始建于北宋，千年历史光阴的洗礼，给当地留存了古寺民居、非遗文化以及风味小吃等丰富的旅游资源，近年来吸引着无数海内外游客前来观光。

袁家村隶属陕西省礼泉县烟霞镇，全村土地面积约709亩，户籍人口不到300人。2013年，被公布为第二批中国传统村落之一。过去由于运作模式不成熟，当地旅游发展长期找不到合适市场契机。经过十余年的努力，袁家村逐步构建起一二三产业融合发展的商业模式，打造了一批认可度高的商标品牌，向外输出了“袁家村”品牌。袁家村由“空心村”变身“网红村”，引起社会各界的广泛关注和强烈反响，在全国范围内产生越来越大的影响力。

如今，袁家村已经成为全国知名的乡村旅游地，成为旅游业带动村民致富的典型案例。该村村民人均收入超过10万元。“乡村旅游看袁家村”成为业界共识。

发展基础

◎ 区位优势明显

袁家村位于西安的环城游憩带上，处在西咸半小时经济圈内，区位优势明显。附近有 312 国道、福银高速、陇海铁路等主要对外道路及 107 省道、关中环线、礼泉旅游大道、唐昭陵旅游专线等多条省内交通线路。袁家村距离西安 78 公里，约 1 小时车程，交通非常方便，是西安居民环城休闲旅游的理想场所。

◎ 非遗文化独特

袁家村是周秦文化的发祥地和汉唐文化流传地，拥有独特的地域非遗文化。“裤带面”、“锅盔馍”、油泼辣子等是其饮食文化的代表；社火、庙会、“看忙”等节庆反映了关中人民朴实豪放的性格；“睡觉枕石块”“帕帕头上戴”等是典型

袁家村牌楼

的地域文化符号；秦腔、皮影戏、花馍、剪纸、木板年画、泥塑等多样艺术形式广为人知，其中秦腔、弦板腔、皮影戏是国家级非物质文化遗产。

◎ **旅游资源丰富**

独具特色的古建筑文化、饮食文化、农耕文化、传统工艺制作文化、民俗文化等多种旅游资源，为袁家村的持续发展提供了强大的文化内核。袁家村以民俗文化为主打，以景观与生态环境文化为辅助，青山绿水的乡村田园风光成为吸引城市游客的独特旅游资源。

典型做法

◎ **基层组织坚强带领**

袁家村村委会在袁家村的经济发展、社会文化变迁、旅游产业转型等方面发挥着带领作用。村委会总揽乡村旅游规划建设的各项事宜，如袁家村规划的定位和方向、旅游项目和产品的引进、商户资格的审查等，并决定规划的进度和具体实施，把握建设质量。村党支部与村委会开展群众工作，组织动员全体村民加入到袁家村的基础设施建设、文化塑造、产业结构调整、旅游经营、股权分配等活动中来。在村委会的带领下，袁家村走上了可持续发展的特色乡村旅游道路。

◎ **市场运作模式主导**

袁家村始终坚持市场运作模式主导，激活发展内生动力。袁家村采用公司化管理，确保良性发展。创新股权运作方式，推进交叉持股，全体村民参与，入股自愿，体现共同富裕，实

袁家村小吃街

现了所有权、经营权、收益权的高度统一。多元立体发展旅游业，不仅开发乡村民俗文化旅游产品，还引入了现在年轻人喜欢的艺术长廊、咖啡酒吧等新业态。发挥品牌效应，打造优质品牌，让品牌走出去，以村集体为单位，用自己的品牌和模式与地方政府和大型企业对等合作，共同开发市场，实现全国布局、跨省发展。

◎ 全民参与共同行动

袁家村在产业发展、股权设置、经营管理、收益分配和乡村治理的各个环节，都十分注重以村民为中心，形成了全民参与、共同行动的发展氛围。村民对集体发展十分热心，加上村委会的积极动员，每个村民都参与到其中并从中受益。除原村民外，新村民、外来投资公司、务工人员等都可以为袁家村的发展出力并获益。原始村民可以经营农家乐、资金入股合作社，还可以将房屋出租给外来经营者；新村民可以经营小吃街店铺、成为合作社股东、参与酒吧街和艺术长廊的打造；外来投资公司通过承包袁家村后续开发的街区来参与；外来打工者主要担任农家乐及商铺的服务员，通过打工获取报酬。

◎ 质量监管治理有力

袁家村乡村旅游发展以关中饮食文化为核心，因此特别重视质量监管。在店铺经营方面，要求一家一个品种，店铺以诚信为基础，张贴食品安全保证书，发生不诚信经营行为时主动张贴整顿声明，所有经营者互相监督，共同构成了内部监督系统；在质量保证方面，全部食品原材料由袁家村统一采购，从源头保障食品的安全，确保原材料来源可追溯，不允许私自从村外采购，一经发现取消经营资格，每月对食品卫生进行大检查，得分最低的商户停业整改 3 天，小吃售卖需要通过多轮筛选和评比，而且要体现特色和手艺；在管理方面，注重现代管理思维，实行自我管理，由村委会牵头，组建管理公司和协会，包括农家乐协会、小吃街协会、酒吧街协会，协会成员由商户们自己推选，为商户提供义务服务。

◎ 产业融合有效赋能

袁家村不断探索，走出了一条“由三产带二产促一产”的产业赋能乡村发展路径。以发展特色产业民俗旅游起家，逐渐从弱到强，推动了第三产业快速发展；第三产业的蓬勃兴起，激发了特色餐饮产品的需求，反过来推动了手工作坊的发展，并相继扩张成立了“前店后厂”和加工企业，带动了第二产业发展壮大；第二产业的规模扩张扩大了对优质农副产品的需求，倒逼种养殖基地和订单农业遍地开花，促进了第一产业优化提升。例如，“油泼辣子”最初只是表演项目，属于三产范畴，随着游客购买量的增加，扩大了辣椒生产规模，带动了二产加工项目发展，后来需求量进一步扩大，袁家村就在辣椒产地建

袁家村一角

立了基地，促进了一产优质发展，最终实现了三产融合。

亮点成效

◎ 乡村旅游扭转发展颓势

在乡村旅游发展推动下，袁家村乡村经济发展迅速。2012年，累计接待游客130万人次，实现年旅游总收入4600万元；2017年，游客接待量超过500万人次，年旅游总收入3.8亿元；2019年游客接待量超过700万人次，年旅游总收入超过10亿元。2007年至今，袁家村村集体经济总额由7亿元增长到21亿元，全村居民人均年纯收入由8600元增长到8万元。经济收入的增长让袁家村村民走上了共同富裕的发展道路，彻底扭转了“五小企业”关停带来的发展颓势。

◎ 基础设施提升民生水平

袁家村以旅游为导向建设景观道路、导游标识，村中的步行道铺设宽约 4 米的青石板，将建筑与街道衔接，体现出古朴的村落道路特质。村中各类标识主要选用木材、砖、粗布等材质，采用独立式、廊檐或墙面悬挂式、墙面或地面固定式等多种方式统一规划。注重绿化景观设施建设，村里种植了各种花卉水果，形成了美丽宜居的乡村环境。文化娱乐室、图书阅览室等公共服务设施逐步得到完善，丰富村民的业余文化生活。此外，建设房车营地、智慧停车场、电动汽车充电站、游客集散中心等旅游基础设施，也方便了全体村民，不断提升全村的民生水平。到 2020 年，袁家村路面硬化率、村民饮水安全覆盖率、供电保障率、主街道和公共场所路灯安装率均达到 100%，生活垃圾经专人专车无害化处理，拥有卫生公厕 10 处。村民新型农村合作医疗参保率 99%，村民社会养老保险参保率 95% 以上。

◎ 探索特色道路，发展模式日趋成熟

“袁家村模式”是袁家村党支部和村干部发动、组织和带领广大群众，自力更生，艰苦奋斗，因地制宜，创新解决三农问题，坚持三产融合发展、壮大集体经济和走共同富裕的道路，是探索和践行乡村振兴的思路和经验总结。第一，建立共享机制，提高村民积极性：组建村民合作社，公司化运营，交叉持股，带动全体村民共同致富，提高村民参与的积极性。第二，挖掘文化资源，打造特色旅游地：以民风民俗体验为主题，以关中小吃为主打，汇聚饮食文化，收购、复原、修建古民居增加关中村落文化意境；完善乡村景区建设，规划建设了小吃街、回

民街等6大主题街区以及文化长廊；推动三产有机融合，建立农副产品加工厂、种养殖基地，促进一二三产融合发展。第三，吸引外来人才，汇聚集体智慧。邀请手艺能人来村开店，鼓励返乡创业，吸引城市创客共同助力袁家村的发展，发挥集体智慧效应；加强对外合作，输出特色品牌，以村集体为单位与政府、企业合作开发项目，推出袁家村体验品牌，如“袁家村·秀容印象”等。

手工面条特写

专家点评

·胡　兵·

“袁家村模式”以村集体领导为核心、村集体平台为载体，构建产业共融、产权共有、村民共治、发展共享的村庄集体经济，探索出“由三产带二产促一产，并立足品牌溢价的多维度产业共融”的发展路径，形成了“一个品牌，两个产业”，即以农业、农村和农民为内涵的“袁家村”品牌，以及文旅产业、健康餐饮和农副产品产业。它的制胜法宝在于突出农民主体性，通过以支部为核心、以村民为主体，打造一个农民创业平台，把村民培养成创业主体、经营主体和受益主体，让村民成为自家生意的老板和合作社的股东，通过发展富民乡村产业，实现共同富裕。袁家村在如何发动、引导村民成为创业主体并组建农民股份合作社的组织模式和如何发展乡村旅游及富民乡村产业的商业模式方面进行了有益的探索，也使得袁家村成为中国乡村振兴和乡村旅游的典范。

精准扶贫见证山乡巨变

——湖南十八洞村

云贵高原东侧，武陵山腹地，千百年来传承着神秘而悠久的湘西文明。这里风光旖旎、物产丰美、文化灿烂，却一度因经济落后而深陷贫困。2013 年 11 月 3 日，习近平总书记来到湘西花垣县十八洞村考察，首次提出“精准扶贫”重要论述。“精准扶贫”的号角从这里吹响，十八洞村也从此成为湘西旅游的一块金字招牌。

“精准扶贫”被写进《中国共产党简史》，十八洞村这个曾经封闭落后的湘西小村庄，成了中国反贫困事业进入“精准扶贫”阶段的起跑点、试验田。2013 年以来，十八洞村的旅游业也得到了蓬勃发展，仅 2019 年前来十八洞村参观、学习的游客就达到了 60 万人次。

疫情防控常态化后，在做好防疫措施的前提下，2022 年 6 月，十八洞景区每日接待旅游团队 20 余个，日接待游客 1000 人以上……湘西十八洞村作为“精准扶贫”首倡地和全国脱贫攻坚楷模，正在持续发力打造“新时代红色旅游乡村振兴典范”。

十八洞村自然风光

发展基础

◎ 自然旅游资源丰富

十八洞村位于武陵蚩尤大峡谷生态文化旅游圈核心区、蚩尤部落群旅游板块南端。东接吉首矮寨大桥德夯景区、乾州古城景区，西接花垣边城茶峒景区、龙山里耶古镇景区，北邻保靖吕洞山景区、古丈默戎景区，南邻凤凰古城、天星山景区。其间分布悬崖峡谷、密林奇洞、云海飞瀑，有“小张家界”和“天然氧吧”之称。

◎ 人文旅游资源独特

十八洞村的苗寨文化可谓丰富多彩。花垣县是苗族赶秋节的发源地之一，这一富有特色的节日在2016年被联合国教科文组织正式纳入世界级非物质文化遗产保护项目名录。除了赶秋节，村中还有苗族古歌、苗医药等国家级非遗项目，苗戏、接龙舞等省级非遗项目，过苗年、四月八等苗族传统节会在这里依然具有生命力……苗寨吊脚楼鳞次栉比，苗绣蜡染巧夺天工，民风淳朴山歌阵阵，所有的一切都展示出十八洞村的人文底蕴，吸引着游客前来观光旅游。

◎ 红色旅游资源优越

自习近平总书记在十八洞村提出"精准扶贫"的重要论述后，"精准扶贫首倡地"就成了十八洞村宝贵的红色旅游资源。2021年6月19日，中宣部命名十八洞村为全国爱国主义教育示范基地，十八洞成为铭刻新时代光辉印记的红色资源和红色地标。除了自身资源优势，十八洞村在区位上，横向可谋划遵义—十八洞—韶山—井冈山红色旅游线路，纵向可做大恩施—桑植、塔卧、茨岩塘—十八洞—芷江—会同、通道红色旅游线路，能够形成以十八洞村为新时代红色旅游枢纽，串联传统红色旅游的大"十"字形圣址、圣地、圣城之旅。

典型做法

◎ 聚焦红色资源，讲述动人故事

十八洞村作为"精准扶贫"首倡地，在发展旅游过程中，始终注重传播和推广精准扶贫的红色文化。为全面展示十八洞村的伟大脱贫成就与宏伟振兴蓝图等内容，当地在游客服务中心、精准坪、村部三个点修建了脱贫攻坚展厅，合理设计不同主题展厅板块，选取了标志性的扶贫故事、图片，运用LED显示屏、声光特效等技术向外来游客展示十八洞村是如何在“精准扶贫”重要思想的指引下，围绕“五个一批”“六个精准”等精准扶贫举措，创造性提出“七步法、九不评”“飞地经济”“四跟四走”“党建引领、互助五兴”等一些好做法，真正让大家近距离了解、走入十八洞村。通过引导游客在精准坪广场聆听解说讲解、在村内巷道与村民交谈、现场学习精准扶贫16字方针等举措，使游客在真实的场景、生动的语言中获得沉浸式体验，在翻天覆地的山乡巨变与群众的幸福生活中真正感受“精准扶贫”重要思想的实践伟力，由此接受精神洗礼。这种“掏心窝”式的旅游发展模式也吸引各地游客纷纷慕名而来。

◎ 升华党性教育，开启红色之旅

2021年年中，十八洞村成功创建矮寨·十八洞·德夯大峡谷国家5A级旅游景区，入选全国“建党百年红色旅游百条精品线路”，并被中宣部评为全国爱国主义教育示范基地。中共中央政治局委员、中宣部部长、党史学习教育领导小组组长黄坤明在十八洞视察时指出：“十八洞村精准扶贫、精准脱贫的故事，是党史学习教育最好、最生动的教材，也是最鲜活的样本。”十八洞村也始终坚持深挖本村红色文化资源，大力发展品牌乡村红色游，设立了村部放映厅、多功能会议室、党建学习书屋、筑梦书屋等红色旅游配套服务设施。通过播放《梦圆十八洞》纪录片、党课现场教学、布置专题会场等形式，有效开展各地团体重走红色路线、重温入党誓词、集体升旗宣誓等主题活动，成功举办了红色歌唱、红色朗诵等多项比赛，推进党史学习教育走深走实。十八洞村不仅是广大党员干部提高党性的进修场所，也成为向外界宣传党的理论政策的前沿阵地，真正为广大党员干部、游客开启了一段丰富理论、锤炼党性、筑牢信仰的红色之旅。

◎ 彰显民族特色，打造民俗盛宴

十八洞村在发展旅游的过程中一直坚持以“建设与原生态协调统一，建筑与民族特色完美融合”为原则，着力打造美丽特色乡村游，将民族元素全面融入乡村旅游，新建了富有民族风情的村级游客服务中心、电商服务站、特色产品店、金融服务站等旅游公共服务场所，并在场所旁布满了重要景点以及展示民族经典语句的木质标志牌，与周边的自然要素巧妙融合，突出民族特色建筑风格，保持民族传统村落景观。村部门口通过建造石嵌画廊，以石碑画的形式，向游客展示拦门酒、篝火晚会、赶秋节等民族传统文化。梨子寨民族文化展示中心和飞虫寨十八洞苗绣合作社等地通过苗绣布展与陈列，有力推广了特色苗绣非遗绝技，有效提升了旅游吸引力。村部外修建了由石板路和木质栏杆组成的文化广场，为村民积极开展“11·3”晚会和“三月三”“四月八”等传统节庆活动提供了场所，外地游客于此可近距离观看苗剧、苗歌、苗舞，极大丰富了旅游体验。为打造沉浸式研学活动，专门设立了文化体验场所，青少年群体可深度体验做苗绣、打糍粑、蜡染、自制陶瓷等活动。游客们在此可享受一场底蕴深厚、特色鲜明、妙趣横生的民俗文化盛宴。

十八洞村远景

亮点成效

◎ 以一带四，农旅一体

旅游业是十八洞村提出的五大产业中最具潜力、最具带动性、最富有生命力的产业，它能把种植业、养殖业、手工艺加工业、劳务输出业其他 4 项产业有机地结合起来，吸引更多的人来到这里，休闲体验与城市不同的生活，促进旅游向深度发展，带动全体村民在村寨就业，实现整个村寨脱贫致富。如今的十八洞村已从一个典型的民族地区贫困村变成了全国闻名的脱贫致富村，人均收入由 2013 年的 1668 元提高到 2016 年的 8313 元，人均可支配收入在 2020 年达到 18369 元，村集体收入在 2021 年达到了 268 万元。

◎ 旅游联盟，行业标准

十八洞村的旅游发展模式表现出了相当强的规范性和科学性，具有显著的可操作性和可复制性。十八洞村专门成立游客接待服务中心，负责对全村农家乐厨房和住宿设施实施规范管理，将全村农家乐接待户按区编号管理，捆绑经营，实行“五统一”管理模式，即统一接团、统一分流、统一结算、统一价格、统一促销。一则防止恶意竞争，二则有利于保证农家乐品质，三则围绕苗族文化开展特色化服务项目，共同开发苗绣文化旅游商品。标准化、规范化的管理也给十八洞村带来了一系列荣誉：2016 年 11 月，十八洞村入选第四批中国传统村落；2019 年 12 月，入选全国乡村治理示范村名单；2021 年 6 月，获评国家 5A 级旅游景区；2021 年 11 月，入选湖南省乡村振兴示范创建村名单，同年入选全国“建党百年红色旅游百条精品线路”，被中宣部评为全国爱国主义教育示范基地等。

◎ 聚焦精准，拓宽渠道

十八洞村的乡村旅游发展模式，最大亮点就是“精准”，这个精准不仅体现在道路交通、景区景点、餐饮住宿等规划上，还体现在村民在乡村旅游中不同的参与方式上。十八洞村居民可通过参与旅游经营、旅游接待服务，出售自家农副土特产品及土地流转等几种方式，分别在经营、工资、农产品和租金方面获得收入，并全面参与到乡村旅游的接待服务中。通过近十年的发展，十八洞村形成了乡村旅游、猕猴桃、苗绣、山泉水、劳务经济等多个产业。现在，十八洞村民做苗绣、开农家乐、办民宿、经营电商、做导游、当厨师，收入得到显著提高，生活越来越好，幸福洋溢在每一个村民的脸上。

精美的苗绣百褶裙

专家点评

· 粟路军 ·

作为“精准扶贫”首倡地，湖南十八洞村在“精准扶贫”重要思想的指引下，围绕“五个一批”“六个精准”等精准扶贫举措，创造性提出“七步法、九不评”“飞地经济”“四跟四走”“党建引领、互助五兴”等一些好做法，努力蹚出了一条将民族元素、红色文化全面融入乡村旅游的农文旅深度融合的“精准”乡村振兴新路子，实现了由深度贫困到乡村振兴的历史跨越和深刻转变，创造了湘西苗寨千年发展史上的奇迹。

“半条被子”捂热红色旅游

——湖南汝城沙洲村

一部红军长征史，就是一部反映军民鱼水情深的历史。长征期间，3 名女红军借宿沙洲村徐解秀家中，临走时，把自己仅有的一床被子剪下一半留给徐解秀，诠释了共产党人与人民群众荣辱与共、风雨同舟的鱼水深情。如今，“半条被子”的感人故事传遍中国，沙洲村也随之走进了人们的视野。

湖南省汝城县文明瑶族乡沙洲村位于滁水河畔、罗霄山腹地，距县城 50 余公里。全村总面积 0.92 平方公里，辖 4 个村民小组，目前共有 142 户 542 人，村民以瑶族为主。沙洲村经济发展一度落后，随着“精准扶贫”政策的实施，沙洲村抓住红色旅游火热发展的机遇，积极从红色旅游、研学旅行、农旅产业、品牌营销等方面挖掘潜力、发展能力、创造动力，从昔日的边远山村变成了如今的红色旅游名村和国家 4A 级旅游景区。

发展基础

◎ 利好政策持续

2016 年，习近平总书记在纪念红军长征胜利 80 周年大会上讲述了“半条被子”的故事，故事传遍全国，而故事发生地——沙洲村的知名度获得了极大提升。

2017 年湖南省委、省政府《关于到“半床被子”故事发生地——汝城县沙洲村调研的报告》指出要把沙洲打造成为全省乃至全国红色旅游扶贫的示范点。《郴州市打造传承红色基因推进绿色发展示范区三年行动计划（2021—2023 年）及 2021 年工作方案》指出：力争将沙洲建成全国重要的党史学习教育培训基地，提升以“半条被子”故事发生地等地为核心内容的“湘南红”红色文旅品牌影响力。《郴州市红色旅游发

沙洲村内部风光

展规划（2020—2030）》明确以湖南（沙洲）红色文旅特色产业园为核心，打造全市红色旅游联动、红色培训龙头——“沙洲+”。

2020年9月16日，习近平总书记来到沙洲村考察调研，走进“半条被子的温暖”专题陈列馆，了解当地加强基层党的建设、开展红色旅游和红色教育情况，更是把沙洲村的红色教育和红色旅游推向前所未有的高度。

◎ 旅游资源丰富

沙洲村旅游资源多样丰富，总体包括红色文化、绿色生态和古色乡风三种资源。红色文化资源包括徐解秀故居，红军卫生部旧址、红军烈士墓等革命遗址以及红军长征的历史故事，如“半条被子”“红军借据”“我们都是同志”等鱼水情深故事。沙洲村盛产黄金李、水晶梨、板栗、枇杷、黄桃等特色水果，拥有永久农田面积达340亩，所属文明瑶族乡素有“中国柰李之乡”“水果之乡”的美称。村落主要由祠堂、民居、古桥、古井、古庙、古巷道等构成，建筑单体刻檐飘脊，木雕、石雕、砖雕丰富多彩，具有独特的湘南建筑特点。沙洲村以瑶族为主，拥有浓郁的民俗风情与绚丽的瑶族文化。红、绿、古三色资源相织相融，为沙洲村旅游业的发展奠定了良好的资源基础。

典型做法

◎ 擦亮品牌，增添活力

重视品牌建设。积极打造“半条被子”红色旅游品牌，接连推出了现代音乐剧《半条被子》、昆剧《半条被子》、电影《半条棉被》等一系列原创红色文艺精品，将红军长征历史重现舞台，传播红色文化，提高了“半条被子”的全国知名度。当地政府及时申请注册“半条被子”地理标识，与湖南梦洁家纺股份有限公司及盐津铺子分别开展品牌联名合作项目，借力将“半条被子”品牌床上用品和农产品通过加油站易捷便利店、电商平台等渠道带出沙洲，形成独特品牌形象，创造市场认同感。

突出宣传推广。地方政府积极策划和对接上位营销资源，在沙洲村相继举办了2017年中国（湖南）红色旅游文化节、2020年中国红色旅游博览会开幕式（汝城分会场）、全域旅游推介会、红色沙洲柰李文化节等节事活动，利用节会营销的集中曝光，进一步提升沙洲村旅游知名度和影响力。联动中央、省、市、县多家主流媒体广泛宣传推介“半条被子”的故事，推出系列报道1560余篇，掀起了重温“半条被子”故事、传承红色基因的高潮。

◎ 红色引领，农旅相融

奠定农旅产业基础。2017年沙洲村大力发展农旅经济，引进十余家企业进行开发。沙洲村以村集体经济投资，通过“党支部+合作社+贫困户”的模式，成立沙洲群发种养专业合作社，发展特色水果、反季节蔬菜规模化与产业化种植等绿色产业，建立了光伏发电厂、瑶族农家乐、沙洲田园综合体、沙洲农旅示范基地等。同时，沙洲村鼓励、引导并培训村民通过种植、销售特色水果和农副产品，发展民宿、农家乐、旅游商品商店、农货摊点、土菜馆等多种方式实现增收致富，其中80多个农货摊点形成了近千米长的“农特产一条街”。

依托平台提质升级。2020—2021年沙洲村种植基地进行升级，合作社扩大种植面积。沙洲村借助5G网络、短视频平台、微信公众号等进行直播带货，将水果销往全国各地，甚至泰国等国家。2021年沙洲村水果节期间，26个直播团队同时在线，观看网络直播人数突破700万人次，信息总阅读量逾3200万次。沙洲村通过“红色文旅+绿色产业+网络电商”的发展模式对农旅产业提质升级，走上了乡村振兴的快车道。

◎ 红色教育，传承基因

打造红色教育基地。2019年沙洲村依托“半条被子的温暖”专题陈列馆、“半条被子”故事发生地旧址等红色文化载体，设立了“半条被子”党性教育基地和“半条被子”干部教育培训中心，接受全国各界实地开展红色教育。培训中心总建筑面积3.6万平方米，自有报告厅6个，其他可利用报告厅10余个，可同时容纳600人教学培训。自2019年10月开班以来，沙洲村两年内共接待5900多个红色教育团队、28.3万人次。

办好红色教育学堂。“半条被子”干部教育培训中心注重课程建设，开设了1～5天红色培训课程，推出集专题教学、访谈教学、现场教学、体验教学、情景教学、社会实践、学员研讨等于一体的党性教育模式，包括聆听沙洲红色故事、党性拓展项目、重走长征路、主题党日活动、户外拓展活动、现场观看电影《半条棉被》和文艺表演《“半条被子”故事启迪》等活动。

建设红色精品课程。“半条被子”党性教育基地坚持“党校+专家+后人”，教学主体多元化，以保障教育培训的深度及高度。注重课程开发，打造了“‘半条被子’精神永放光芒”“初心是精神永远的航标”“‘半条被子’故事的启示”等本土化党性教育精品课程。丰富教材形式，推出《红军长征与汝城——半条被子的温暖》82个长征故事视频、制作微电影《半条被子》和微党课“红旗漫卷诸广山”。

亮点成效

◎ 扮靓村貌改善人居环境

人居环境整治是建设美丽乡村、推进旅游发展的重要内容。经过实地考察与规划，村容村貌焕然一新，180栋民居完成了立面改造，37栋特色民居建成，实施河道治理、雨污分流、电网改造、厕所革命等配套设施建设工程，建成景区环形游道

沙洲村全景

（电瓶车道）、智慧旅游系统、游客集散中心等旅游基础设施，新建的学校、服务中心、休闲活动中心等都极大地提升了村民的幸福感和游客的满意度。沙洲村先后获得“中国美丽休闲乡村”“国家4A级旅游景区”和“全国先进基层党组织”等称号。

◎ 擦亮品牌推动文旅项目

通过品牌建设和宣传推广，“半条被子”红色品牌的传播力、影响力和价值均得到进一步提升，以沙洲“初心诠释地”为核心的“湘南红”红色文化旅游品牌成为郴州旅游新名片。红色沙洲文旅品牌打响后，众多文旅企业和项目落地沙洲，包括汝城中惠旅旅游开发有限公司、汝城聚才红色文化有限公司等文旅企业，沙洲红色文旅创意街、沙洲红色越野露营户外拓

展营地等项目，进一步丰富了当地的文旅业态。自 2018 年以来，沙洲村已经成功连续举办了五届柰李主题文化节，2022 年节会当天上万游客进入沙洲，现场销售 23 万余斤，协议采购 3060 万斤。

◎ 点亮红色成就党性教育基地

沙洲村依托“半条被子”等红色故事，充分挖掘其历史价值和时代价值，建立了“半条被子的温暖”专题陈列馆，陈列馆入选第三批全国关心下一代党史国史教育基地、全国妇女爱国主义教育基地、全国爱国主义教育示范基地、全国青少年教育基地。2021 年，平均每天到沙洲村参加红色培训的有 3000 多人次，沙洲村已然成为全国党员干部、群众接受初心使命教育的理想之地和开展青少年爱国主义教育的首选之地。

◎ 提质升级助力农旅融合

近年来扎实推进农旅深度融合，让共同富裕的路子越走越宽。自 2016 年起游客接踵而至、络绎不绝，村民借助红色旅游东风，发展种果子、开店子、摆摊子等“三子”产业，开起了网店、土菜馆、民宿、商铺、奶茶店等，2018 年实现整村脱贫。2022 年，全村已种植奈李、枇杷、水晶梨、辣椒等 1000 亩，发展民宿、餐馆、商店 48 家，设立摊位 135 个，400 多名群众在家门口创业就业。沙洲村经济发展实现了巨大的跨越，2021 年人均收入达到 17100 元，比 2010 年增长了 4.26 倍，而村集体收入也从几乎为零提高到 70.5 万元。

沙洲村雕塑近景

专家点评

· 粟路军 ·

作为“半条被子”故事的发源地，湖南汝城沙洲村积极打造“半条被子”红色旅游品牌，通过“红色文旅 + 绿色产业 + 网络电商”的发展模式对农文旅产业提质升级，走上了乡村振兴的快车道。在红色文旅发展方面，通过打造红色教育基地、创办红色教育学堂、建设红色精品课程等形式开展红色教育，传承红色基因。在农旅深度融合方面，通过“党支部 + 合作社 + 贫困户”的模式，成立沙洲群发种养专业合作社，扎实推进农旅深度融合，让共同富裕的路子越走越宽。在网络电商发展方面，借助 5G 网络、短视频平台、微信公众号等进行直播带货，农产品远销海内外。

绿水青山、冰天雪地
都是金山银山。
保护生态和发展生态旅游相得益彰，
这条路要扎实走下去。

——习近平

02

绿水青山 金山银山

- 以游养林描绘绿色画卷
  ——河北塞罕坝
- 生态治理实现美丽蜕变
  ——河北滹沱河生态走廊
- 多维发展共建森林里的家
  ——黑龙江伊春市
- 森林康养旅游发展典范
  ——河南栾川重渡沟生态旅游建设示范区
- 红绿相映谱写文旅新篇
  ——河北英雄太行山·中国红河谷
- 精准发力成就雨林品牌
  ——海南三亚呀诺达

以游养林描绘绿色画卷

——河北塞罕坝

塞罕坝是一号风景大道的起点，驱车驰骋，一路冈峦起伏，森林与草原交融，不同层次的绿色前呼后拥铺展开去，远远望去，如绿海波涛。塞罕坝犹如一颗熠熠生辉的绿宝石，镶嵌在河北大地之上，这是一代代英雄的塞罕坝人奋斗的结果，是“绿水青山就是金山银山”的生动诠释。

历史上的塞罕坝是一处水草丰沛、森林茂密、禽兽繁集的天然名苑。清朝晚期，国势渐衰，塞罕坝被开围垦荒，树木被大肆砍伐，原始森林逐步退化成荒原沙地，塞罕坝形成了“黄沙遮天日，飞鸟无栖树”的荒凉景象。1962 年林业部批准建立塞罕坝机械林场，总经营面积 9.33 万公顷。六十年来，塞罕坝机械林场的建设者们，在荒漠沙地上艰苦奋斗、甘于奉献，创造了荒原变林海的人间奇迹。1993 年，塞罕坝国家森林公园获批组建，林场逐步在园内打造了七星湖湿地公园、塞罕塔、亮兵台、滦河源头等高品位生态旅游文化景区。2002 年塞罕坝成为 4A 景区，2007 年被批准为国家级自然保护区。目前塞罕坝已成为中外瞩目的旅游热点，更是京津地区人们夏季避暑观光、秋季观赏红叶、冬季狩猎滑雪的生态旅游胜地。

发展基础

◎ 自然景观丰富

森林草原景观是塞罕坝最具特色的自然景观。塞罕坝草原是“坝上草原”的精华部分，北、西与内蒙古自治区克什克腾旗和多伦县接壤，南、东分别与河北省御道口牧场和围场县的4个乡相连，草原面积1.5万公顷，并且有广袤的天然草原，

塞罕坝草原风光

形成丰富、奇特的草原景观。这里7万多公顷的人工林集中连片，形成一片浩瀚的林海。塞罕坝林海中野生动植物繁多。在动物地理上，塞罕坝属华北、东北和蒙新3个动物区系的交会处；在植物地理上，是内蒙古、东北和华北3个植物区系的交会处。因此，这里野生动植物资源十分丰富，有兽类11科25种，鸟类27科88种，植物81科312属659种。

◎ **人文景观独特**

塞罕坝国家森林公园属清代皇家猎苑的一部分，是康熙、乾隆等皇帝避暑围猎之所，留下了诸多人文历史景观，有著名的乌兰布通古战场遗址、康熙点将台、塞北佛石庙、塞罕塔、塞罕敖包、御道沟、扣昼坟、翠花宫等，还有假鼠草湿地公园、文化广场、金莲映日园、塞罕坝展览馆等休闲观光园馆，神奇美妙的神话传说故事也为公园增加了浓厚的皇家文化色彩。

◎ **民族风情浓厚**

塞罕坝位于清王朝建立的木兰围场西北区域，人口由汉、满、蒙古等民族构成，是一个多民族杂居地。满族、蒙古族保持着祖先英勇好战、能骑善猎的传统。同时，两个民族的人民热情好客、生性豪迈、能歌善舞，也为该地区的旅游增添了浓厚的地方民族色彩和浓郁的民族风情。

典型做法

◎ **生态优先，以游养林**

进入20世纪90年代，以回归自然、享受自然为主要内涵的生态旅游成为旅游热点。塞罕坝林场把下大力气发展生态旅游作为走出单纯木材经营的禁锢，促进林场可持续发展的最佳途径。林场按照生态旅游的定位，着眼于发展大旅游、兴办大产业的目标，本着开发和保护并重的原则，努力在以游养林上下功夫。

塞罕坝在发展旅游业的过程中，始终坚持“在开发中保护、在保护中开发”，将生态作为旅游发展的基础和前提。他们聘请专家对森林公园进行了科学合理的规划，并严格按照规划进行开发和建设。塞罕坝国家森林公园规划分为生态保育区、核心景观区、管理服务区、一般游憩区。其中，严禁开发的生态保育区和限制开发的核心景观区占林场总面积的59.3%。同时，林场大张旗鼓地进行生态旅游宣传，让旅游管理者、旅游区居民和游人充分认识到保护现有生态旅游资源的重要性，使游人自觉加入环境保护的行列。

◎ 规范管理，品牌发展

塞罕坝机械林场先后编制了《塞罕坝机械林场总体规划》《塞罕坝机械林场及周边地区可持续发展规划》《塞罕坝机械林场生态旅游发展专项规划》《河北省塞罕坝国家级自然保护区总体规划》等几十个规划方案，形成了完善的林场建设管理制度体系，突出了华北山地生物多样性保护永久性研究示范基地和生态旅游目的地的定位。

塞罕坝机械林场发展了“水的源头、云的故乡、花的世界、林的海洋、游客休闲度假的天堂”品牌，在保证生态安全的前提下，相继打造了七星湖湿地公园、塞罕塔、亮兵台、滦河源头等高品位生态旅游文化景区。突出了塞上森林画卷、生态绿色家园、绿色长城等亮点主题，并依托“互联网+”构建塞罕坝智慧生态旅游系统，实现了电子售票、特色景区数字虚拟展示，全面打造宜居、宜业、宜养、宜游的生态型特色旅游区域。

◎ **突出亮点，多样开发**

塞罕坝利用独特的森林自然景观与人文资源，开发了森林康养度假、房车露营、研学旅行等产品。以森林公园的四季变化为条件，针对不同季节的景观推出不同的旅游活动项目，在保护森林生态的前提下延长了塞罕坝旅游季节，增加了塞罕坝游客量，又为区域经济的发展创收。夏季的塞罕坝气候凉爽，利用金莲映日奇观、七星湖生态公园、塞罕塔、康熙点将台等一系列丰富多彩的景观，开发了消暑度假产品。秋季的塞罕坝层林尽染，万亩林海在秋季呈现五彩斑斓的色彩，特别是“两山夹一沟”的蛤蟆坝，成为摄影爱好者不容错失的绝佳秋景拍摄地。在冬季，塞罕坝利用地势特点，主打滑雪游玩，四个多月的滑雪期，包含多样的滑雪项目，吸引了大小游客前来游玩。

塞罕坝利用独特的在地文化资源，通过深入挖掘蒙古族的文化内涵，为森林生态旅游注入精彩的文化主题，更好地满足游客不同层次的旅游需求。在塞罕坝，蒙古族人民长期聚居生活。结合蒙古族特色，公园从吃、喝、玩、乐不同角度设置了丰富多样的民俗活动。在机械林场西边的雁鸣湖边，游客可以体验大草原的策马奔腾，感受马背上民族的速度与激情；在御道口，可以参与赶羊游戏、敖包会，打靶射箭；还可以品尝塞外一绝拨御面、银丝面、猫耳面等特色面食。公园里，游玩的人们可以换上蒙古族服饰赴宴，品尝白食、烤全羊，参与可汗赐酒、祭火仪式，沉浸式地欣赏马头琴齐奏、舞台剧《抢婚》等，享受美食的同时，更深刻地了解蒙古族文化。

亮点成效

◎ 绿色发展铸就了塞罕坝精神

习近平总书记曾作出重要指示，称赞塞罕坝“用实际行动诠释了绿水青山就是金山银山的理念”，“铸就了牢记使命、艰苦创业、绿色发展的塞罕坝精神”，“是推进生态文明建设的一个生动范例”。同年，塞罕坝机械林场又被联合国授予“地球卫士奖”。此后，塞罕坝先后获得“时代楷模”“全国文明单位”“绿水青山就是金山银山实践创新基地”“全国脱贫攻坚楷模”等荣誉称号。

◎ 有序发展走出了独特旅游之路

塞罕坝依托优美的生态环境和以塞罕坝精神为内核的文化底蕴，吸引了越来越多游客，旅游业得到长足发展。生态体验游、科普研学游、森林康养游、冬季冰雪游等新业态有序发展，“生态、皇家、民俗”品牌特色逐步凸显，七星湖、塞罕塔、二龙泉、亮兵台、“五彩斑斓”等景点逐步成为热门打卡地。游客量由当地旅游业起步之初的年均万余人次发展到如今年均60余万人次。发展旅游至今基本上实现了三个“逐步”：逐步由传统旅游向生态旅游转变，逐步由单一的观光旅游向满足多种需求的综合旅游转变，逐步由被动保护生态环境向主动保护生态环境转变。林场依托良好的生态环境，丰富的森林资源，广阔的草原和冷凉资源、冰雪资源以及湿地资源，适度发展生态旅游，真正地把“绿水青山”变成了“金山银山”，摸索出了一条独特的森林生态旅游发展之路。

◎ **协同发展创造了综合带动效益**

塞罕坝林场探索生态旅游发展新业态，年均为社会提供2.5万个就业岗位。周边乡镇生态旅游发展，每年可实现社会总收入6亿多元，释放出较大的生态、经济和社会效益。同时充分发挥示范引领作用，坚持安全第一、保护优先，推动区域协同发展。坚持依托百万亩森林资源发展生态旅游、绿化苗木、林副产品等绿色产业，助推区域经济发展，带动群众致富。通过驻村帮扶、生态旅游、苗木生产、设置就业岗位、提供技术支持，周边区域发展农家游近千家，4万多百姓受益，2.2万名贫困人口实现脱贫。

专家点评

· 邢慧斌 ·

河北塞罕坝依托丰富的自然景观资源和独特的历史文化资源以及浓郁的民族风情，在坚持保护的原则下打造了春季看花、夏季避暑、秋季赏叶和冬季狩猎的全季生态旅游产品体系，并且积极拓展旅游业态，形成了观光、休闲、度假等传统业态与生态体验、科普研学、森林康养、冬季冰雪等新业态相互促进的良性发展格局，树立了鲜明的生态旅游品牌。塞罕坝的生态旅游还注重当地社区参与，吸纳当地百姓从事旅游相关工作，助力脱贫攻坚成效显著。作为我国环境治理和旅游脱贫的典范之一，塞罕坝“生态优先，以游养林；规范管理，品牌发展；突出亮点，多样开发”的发展模式为我国荒原沙地等土地贫瘠地区发展生态旅游提供了成功的经验和借鉴。

生态治理实现美丽蜕变

——河北滹沱河生态走廊

秋日滹沱碧水长，百里画廊寄新章。芦丛婆娑随风舞，鲜花有序尽心香。漫步在焕然一新的滹沱河畔，望得见山，看得见水，沐浴着秋日的暖阳，我们逐渐走进景色宜人、故事丰富的河北滹沱河生态走廊。

滹沱河发源于山西省繁峙县，流经晋冀两省入海，干流全长 588 公里，其中石家庄境内 205 公里，流经石家庄市四区六

航拍滹沱河湿地日落

县，是石家庄市最大最主要的行洪河道。滹沱河自古以来便是石家庄市的母亲河，滋养着石家庄的水土和儿女。历史上这里水清岸绿、水丰土肥，而从 20 世纪 70 年代中期开始，受气候变化、用水量激增等因素影响，滹沱河生态环境逐渐恶化——河道断流、植被退化、尘沙弥漫，成为一道穿城过乡的“生态疮疤”。石家庄市下定决心修复这道“伤痕”，2007 年，滹沱河城区段 16 公里综合整治工程率先启动。2017 年开始，石家庄市又对境内滹沱河全域实施了生态修复工程。十余年间，滹沱河一点点找回了当初的模样。不断实现美丽蜕变的滹沱河，铺展出一幅人与自然和谐共生的唯美画卷。

如今的滹沱河河水清澈、鱼翔浅底，两岸芦苇婆娑，沿线山、水、林、田、湖自然与人文风光相辅相融，已成为石家庄最美的休闲胜地。河北滹沱河生态走廊的建设，打造了石家庄市城市旅游的新名片，更交出了一份“绿水青山就是金山银山”的生动答卷。

发展基础

◎ 文化深厚

滹沱河被称为石家庄的“母亲河”。滹沱河同黄河洛水、长江钱塘一样，也是一条文化之河。流域内诞生了商代台西、中山国、常山郡、东垣城、真定府等古代史上的辉煌，更是孕育了模范抗日根据地、新中国的摇篮、开国第一城等红色圣地。

◎ 政策支持

对于滹沱河生态走廊建设，石家庄市委、市政府高度重视，认真贯彻习近平生态文明思想，按照省委、省政府要求，立足人与自然和谐共生，坚持生态恢复、防洪泄洪、涵养水源、产业发展、文化景观相统筹，以“一年出形象、两年见成效、三年成精品”为目标，从 2017 年启动实施了规模大、范围广、标准高的滹沱河生态全面修复工程，着力重现“清水绿岸、鱼翔浅底”的滹沱美景。石家庄市委、市政府坚持把滹沱河生态修复作为重要政治任务和重大民心工程，聘请中规院高标准编制了规划，强化担当、高位推进。

2019 年，在石家庄举办的第四届河北省旅发大会上，推出了全长 109 公里的“滹沱河生态走廊”，形成了旅游、生态、乡村和历史文化融合发展的新样板。

典型做法

◎ 生态引领顶层设计

为了全面整治滹沱河，恢复“清水绿岸、鱼翔浅底”的美景，同时发挥其在建设美丽河北中的绿色生态引领作用，2017年，在完成滹沱河城区段16公里综合整治的基础上，石家庄市坚持秉承“绿水青山就是金山银山”理念，研究出台了《滹沱河生态修复工程规划暨沿线地区综合提升规划》，计划总投资209亿元、分三期对黄壁庄水库以下109公里流域实施生态修复工程。规划定位为：石家庄绿色发展带，京津冀城市沿河发展示范区。规划以滹沱河为区域发展的总体核心，以建设国内著名、国际知名的美丽河流为方向，对两岸地区进行全方位生态修复，将两岸的优势自然资源、人文资源、产业资源、创新要素串珠成链，促进石家庄市绿色崛起、跨越式发展。实现五个滹沱河：生态滹沱河、安全滹沱河、文化滹沱河、产业滹沱河、智慧滹沱河。

◎ 一廊三片优化格局

滹沱河生态走廊建设不仅对河道进行生态修复，而且多规合一，是会同沿线地区综合提升的总体建设。其中，主城区段以城市公园标准，为市民提供多样化的休闲游憩场所；其他区段对河滩进行生态恢复，保护基本农田，对河滩进行自然绿化，形成一条绿色生态景观长廊。滹沱河生态走廊贯穿了正定古城、中山古城遗址与慈河风景带、环柏坡湖三大片区。河北大道灵寿段是连接正定古城与平山西柏坡的要道，道路两侧各有35米绿化带，两侧绿化带中还设置了3米的骑行道和4座骑行驿站，是滹沱河沿岸绿色廊道、休闲旅游环线上的重要道路，也是沿线各村便捷、舒适出行的主要公路。总体上，滹沱河生态走廊，串联平山、灵寿、正定三地，它把革命圣地西柏坡和中国历史文化名城正定串珠成链，涵盖了红色革命文化、绿色生态理念和历史传承发展。同时辐射带动井陉矿区古村落片区以及鹿泉西部山前片区，成为一条实现区域发展的产业走廊，推进石家庄全域旅游迈入新格局。

◎ 政府主导分期建设

滹沱河生态走廊分三期建设。其中，一期工程自中华大街至藁城东振兴北街，全长42公里，形成了“七园、二湖、十四景”的景观格局，打造了“疏林花海、水天一色”的滹沱盛景，实现了防洪、景观、生态的叠加效应；二期工程自藁城东振兴北街至深泽与安平县界，全长43公里，以“小水大绿、会呼吸的河流”为设计理念，建成“一河、两路、三湖、九景”，构建了自然和谐的河流生态廊道；三期工程自黄壁庄水库大坝至

正定县子龙大桥

中华大街，全长24公里，形成蓝绿交融、水美林丰的湿地型河流，营造出湿地与湖面相呼应的大河风貌。同时，将智慧科技融入滹沱河生态走廊沿线的公共服务设施中，构建由导游、导览、导视组成的“智慧三导”系统，一部手机即可乐享智慧化、便捷化旅游服务。

◎ **部门协同破解难题**

15年来，石家庄市发改、规划、自然资源、财政、水利、园林等部门，始终把滹沱河生态走廊建设列为重大民生工程，为工程建设开绿灯，确保满足工程要求。为解决资金紧张难题，石家庄市领导多次表态，宁可在其他方面少花一点，也要保证滹沱河生态修复工程的需要。石家庄政府还引进社会资本、发行地方政府债券、申请中央财政专项资金，多渠道、多元化解决资金难题。为保障河水水质，环保部门封堵了10家企业的排污口，沿线建成8家污水处理厂。为河堤沿岸绿化，石家庄市园林局组建专家团队，在滹沱河沿岸开辟试验田，研究土壤改良，试验适合种植的树种、花草。

亮点成效

◎ **形成了生态文明建设力作**

滹沱河生态修复工程三期均已完成，滹沱河两岸已基本建成集防护、观赏、休闲、健身和科普五大功能于一体的绿色生态景观长廊。河道达到了10年一遇的防洪标准，提升了河道行洪能力。同时，打造了城市轨迹、周汉河湿地、光影水秀等多个景观亮点，建设了贯通南北两岸的景观路，农田、花田、道路相互呼应，乡野田园、大地景观风貌逐渐形成，实现了溪流与湖面相互串联、相互交替，溪流两侧水生植物、地被草种萌发新芽，溪流草海、水上草原的景观效果。经过修复的滹沱河，在石家庄市形成了 2680.54 公顷水面、10398.82 公顷绿地。这道生态屏障发挥着空气净化、气候调节等重要作用。美丽的滹沱河成为流淌在燕赵大地上的生态文明建设力作。滹沱河生态修复工程多次被央视报道，并荣获 2017 年河北省人居环境范例奖。

◎ 带动了河流全域乡村振兴

滹沱河生态走廊沿线美丽乡村、乡村驿站、指示标识、生态景观、文化景观、旅游配套设施及智慧化导游导览等公共服务体系建设带动了沿线 9 个乡镇 73 个村庄的经济发展。如正定县塔元庄村村民享受到了滹沱河释放出来的生态红利。村里开发了绿色农业、生态旅游、休闲养老等产业，村集体年收入从 2013 年的 130 万元增长到 2021 的 3000 万元，村民人均年收入达 3 万元。滹沱河生态走廊建设与周边的城镇乡村、景区景点联动，开启了以建设滹沱河生态走廊带动沿线全域乡村振兴的新模式，成为彰显地域文化、链接乡村旅游、引导村民就业、带动产业复兴的窗口。

◎ 带来了产业发展全新空间

滹沱河的美丽生态带来新发展空间。滹沱河通水后，与沿岸各县（市、区）洽谈项目的企业明显变多了，其中不乏慕名前来的世界 500 强企业。在滹沱河流经的安平县，“体育 + 旅游”融合成为发展新路径。安平县与内蒙古草都集团合作的滹沱河生态植草项目，在河滩种植各类牧草花卉，实现了生态与产业统筹、河道治理与改善环境兼顾，同时为农民增收致富增加了新途径。沿滹沱河石家庄市农业农村局规划建设了滹沱河高效观光产业园。产业园涉及藁城、晋州、无极、深泽 4 个县（市、区）11 个乡镇 61 个村，耕地 91873 亩，这里将成为河北省都市型现代农业发展的样板。在石家庄市，总长度 30 公里、总规划面积 209 平方公里的滹沱河生态经济带（城区段）被规划打造成为城市核心发展区，以国际视野加快推进该区域空间形态、交通组织、开敞空间与景观环境、建筑风貌、地下空间等方面的城市设计工作，最大限度释放两岸用地空间，布局战略性新兴产业，打造城市建设发展新的增长极和具有国际影响力的亮丽城市名片。

专家点评

· 钟林生 ·

石家庄市借助全省旅发大会的东风，把滹沱河建成幸福的人文生态走廊，让石家庄的“母亲河”成为宜居宜游的亮丽城市名片。石家庄市委、市政府秉承“绿水青山就是金山银山”理念，对滹沱河进行全面生态修复，从顶层设计到布局优化，从政府主导到多主体协同，用一条生态长廊串起正定、灵寿、平山三县旅游资源。通过布局9个乡村驿站，分步实施建设，通过生态修复，发挥了生态环境的价值，扩宽了旅游产业发展的空间，带动了沿河经济社会发展，特别是推进了乡村振兴发展，成为“绿水青山就是金山银山”理念在河北省实践的典范。

多维发展共建森林里的家

——黑龙江伊春市

“北国好风光，尽在黑龙江。”郁郁葱葱无穷碧，映日丹花别样红。在小兴安岭腹地，镶嵌着一颗璀璨的“祖母绿”，素有“祖国林都”“红松故乡”“天然氧吧”之美誉。穿过层层密林的阳光、雨后湿润清新的泥土、清脆悦耳的鸟鸣带你走进森林里的家——伊春。

伊春，别称“依逊”，中国“林都”，黑龙江省东北部中心城市，全市共辖 10 个县级行政区，包括 4 个市辖区、1 个县级市、5 个县，总面积 32759 平方公里。伊春历史悠久，是一个多民族散居的边疆城市，唐代以前，是边疆少数民族劳动生息之地，唐、辽、金、元、明、清各代在此实施管辖。伊春市共有 31 个少数民族，约占伊春总人口的 2.16%。全市辖有 1 个民族乡，即铁力市年丰朝鲜族乡，共 10 个民族村，9 个朝鲜族村、1 个鄂伦春族村。2021 年，伊春实现地区生产总值 318.69 亿元，同比增长 7.3%。截至 2021 年末，全市常住人口为 85 万人。

小兴安岭五营国家森林公园

伊春是国务院批复确定的中国北方重要的生态旅游城市。夏秋两季是伊春最美的季节。夏天，这里林海苍翠、林荫清凉，入眼所见皆是绿意，“林都”之称当之无愧；秋天，这里层林尽染，五彩斑斓，可在天然氧吧中纵情呼吸。如今，伊春全力打造“森林里的家”旅游品牌，推进森林康养可持续发展，积极践行“绿水青山就是金山银山”理念。

发展基础

◎ 区位条件特殊

伊春属北温带大陆性季风气候，一年四季分明，春秋两季时间短促，冷暖多变，升降温快，大风天多；夏季湿热多雨；冬季严寒漫长，降雪天较多。伊春地貌特征为“八山半水半草一分田”，整个地势西北高、东南低。境内千米以上高峰77座，最高山为平顶山，海拔1423米。伊春市有大小河流702条，全市流域面积50平方公里以上河流为218条。汤旺河是伊春市境内流域面积最大的河流，流域面积为20557平方公里，河流长度492公里，伊春境内干流长450.2公里。

◎ **旅游资源独特**

伊春辖区内建有黑龙江丰林国家级自然保护区、黑龙江凉水国家级自然保护区、红星湿地国家级自然保护区、乌伊岭国家级自然保护区、新青白头鹤国家级自然保护区等5个国家级自然保护区，森林旅游资源独具特色。辖区内林海奇石为国家5A级旅游景区，森林覆盖率达到99.8%，是国内独一无二的天然氧吧。林海奇石核心景观是花岗岩石林，独特的花岗岩石林生成于2亿年前的印支运动期，是目前国内发现的唯一的类型最齐全、发育最典型、造型最丰富的印支期地质遗迹，具有很高的科研和美学价值，在世界上亦属罕见。整个景区森林、石林、溪水相辅相成，成为伊春的核心吸引物。伊春还拥有上甘岭溪水国家森林公园、梅花河山庄旅游度假村、嘉荫茅兰沟森林旅游区、嘉荫恐龙国家地质公园、带岭凉水旅游区、小兴安岭桃山景区、五营国家森林公园、美溪回龙湾国家森林公园等8处国家4A级旅游景区，这些景区汇聚了多种地貌和景观类型，承载了以森林资源为主体的森林旅游度假村、人工生态园、森林景观步道和户外游憩活动中心。多种地貌类型不仅提供多样化的旅游休闲活动，同时也满足了科研与科普的需求。

◎ **农林资源丰富**

伊春市占地300多万公顷，森林覆盖率达到82.8%，主要是以红松为主的针阔叶混交林。伊春的植物资源十分丰富，体旅融合发展的全新方向。由于小兴安岭独特的地理位置和生态环境，伊春市药材资源在黑龙江省所占比重大约为35%，其中鹿茸、熊胆、麝香、林蛙油以及人参十分名贵，为旅游产业的发展注入了无穷的潜力和动力。

典型做法

◎ **顶层设计，规划引领**

发展首先需要准确定位。森林康养在我国发展多年，一直缺乏准确的定位。其定位应是“生态+养生+保健”模式，发展过程中应时刻坚持生态为第一位，不对生态环境造成破坏，坚持可持续发展，方可使得森林康养持续发展。目前已经编制了《伊春市全域旅游发展规划（2019—2035年）》《伊春市森林康养旅游专项规划（2022—2035年）》，正在制定《伊春市民宿联盟成立工作方案（修改稿）》。

◎ **旅游兴旺，交通先行**

伊春林都机场开通了至哈尔滨、北京、大连、上海、广州、沈阳、温州等地的航线，新建改建11条旅游公路，对串联伊春北部重点景区的220公里伊嘉公路进行了重点升级改造。哈伊高铁铁力至伊春段预计2024年开通运行，从哈尔滨出发，两个半小时即可抵达伊春，届时伊春市将全面融入哈尔滨“一

伊春库尔滨雾凇

小时、两小时经济圈”。

◎ 做响市场，宣传推广

伊春依托华侨城全国布局，开展精准营销系列活动，不断提高伊春旅游网上声量与知名度。此外，伊春还将旅游元素与创意短视频结合，借助今日头条、抖音、微信公众号媒体平台持续宣传推广，增加伊春旅游持续曝光量。2021 年 4 月 20 日，由伊春市文化广电和旅游局主办的“林都伊春·森林里的家”首场推介座谈会在哈尔滨华旗饭店正式举行。以此次座谈会为契机，进一步加强哈伊两地旅游合作，借助哈尔滨全省中转集散地的地缘优势，为伊春输送更多客源，共同开发伊春旅游市场，形成客源互动、线路互推、合作共赢的良好局面。此外，为了继续加强周边地市客源市场开发，伊春还与绥化、鹤岗、佳木斯、大庆、黑河等地市开展媒体资源互换宣传合作，增进沟通联系，推动互利共赢。伊春市文化广电和旅游局还围绕航线梯次开发旅游市场，加强友好城市旅游合作，后续将赴北京、沈阳、大连等客源地，继续举办推介座谈会，为双方企业搭建合作平台，带动更多游客入伊旅游。

亮点成效

◎ 特色森林康养获得国际认可

2018 年 5 月 15 日伊春在首届丝绸之路（敦煌）国际徒步节荣获“十大最美徒步城市”和“十大最美徒步路线”双奖。2021 年 4 月 24 日伊春市伊美区凭借独特的旅游资源和绿色森林旅游文化，荣获 2021“艾里缇斯”奖并被国际旅游联合会命名“中国最佳森林文化旅游名区”，这是伊美区继荣获“中国天然氧吧”荣誉称号后获得的又一个含金量十足的奖项。

◎ **形成多样化的森林旅游产品**

伊春经过多年的开发建设，推出了原始森林观光旅游、避暑度假游、康体健身游、养生保健游、新婚蜜月游、科普修学游、商务会议游、地质考察观光游、滑雪漂流狩猎游等旅游产品几十种。

◎ **成为国内森林旅游产业标杆**

近年来，伊春相继被评为国家园林城市、中国最佳避暑胜地、中国优秀旅游城市、中国旅游竞争力百强城市、中国2008年度最具开发价值的旅游资源城市、中国自驾十大旅游目的地、最值得驻华大使馆向世界推荐的中国生态旅游城市，还被联合国有关组织授予“城市森林生态保护和可持续发展范例——绿色伊春”“世界十佳和谐城市”等荣誉称号，并被确定为东北亚生态论坛和中国环境与健康发展论坛永久举办地。支撑这一个个荣誉的是人们对伊春旅游环境的认可——来过伊春的人，几乎都将之当成森林生态旅游概念诞生地和森林健康养生最佳基地。

伊春彩色森林景观

专家点评

· 唐承财 ·

伊春享有“中国林都”“红松故乡”“天然氧吧”的美誉，是第二届黑龙江省旅游产业发展大会的承办地。伊春坚持生态为第一位，准确定位、科学规划，全面融入哈尔滨“一小时、两小时经济圈”，开展精准营销系列活动做响市场，形成客源互动、线路互推、合作共赢的良好局面。伊春推出了原始森林观光旅游、避暑度假游、康体健身游等几十种旅游产品，成为多样化的森林旅游目的地，先后获得“中国天然氧吧”“十大最美徒步城市”“十大最美徒步路线”“中国最佳森林文化旅游名区”称号及“艾里缇斯”奖等荣誉，并被确定为东北亚生态论坛和中国环境与健康发展论坛永久举办地。无疑，伊春已经成为国内外森林旅游产业的标杆和典范。

森林康养旅游发展典范

——河南栾川重渡沟生态旅游建设示范区

洛阳以古都闻名，殊不知除了历史文化，洛阳的山水也别有意趣。如果说老君山是洛阳的一处净土，那么重渡沟便是洛阳的一颗明珠。漫步于千里竹林长廊，一路溯溪而上，湖光翠影、郁郁葱葱，处处可见的泉眼流淌出清澈的泉水，汇聚成飞泻而下的瀑布……近年来，重渡沟以森林康养为主题大力发展生态旅游，取得了不俗的成绩。

重渡沟生态旅游建设示范区坐落于河南省洛阳市栾川县东北 16 公里处，总面积 178 平方公里，辖 9 个行政村，62 个居民组，共 2372 户 9313 人。域内 800 亩竹林掩映，森林覆盖率 95% 以上，金鸡河水环绕小镇流淌，空气清新怡人，自然生态旅游资源丰富，素有“北国水乡”美誉。近年来重渡沟创新乡村生态旅游发展路径，将农家体验与森林风光深度融合，成为集游览观光、康养度假、购物娱乐于一体的森林康养旅游目的地，先后获得国家 4A 级景区、国家级生态旅游示范区、全国首批农业旅游示范点、全国乡村旅游创客示范基地、河南首批森林特色小镇等 20 多项荣誉称号。

发展基础

◎ 区位条件优越

重渡沟生态旅游建设示范区距洛阳市区118公里，距栾川县城48公里，距鸡冠洞、老君山、龙峪湾50公里，九龙山温泉18公里，辖区交通便捷，有省道潭卢线和洛栾高速贯穿全境，并设立重渡沟站。重渡沟东有伏牛山支脉，西有熊耳山支脉，形成一道沟川，伊河自南向北流经全境。重渡沟地处中原城市群核心发展区，与我国京津冀、长三角及珠三角等城市集群相联结，地理区位优越。

◎ 旅游资源独特

重渡沟以“水、竹、宿”三绝远近闻名，由金鸡河、海翠河、水帘仙宫等景区组成，景点200余个。重渡沟分南沟和西沟两大区。南沟飞瀑流泉，突出“水”，上百个泉眼数百股泉

重渡沟湖景

水从地底深处喷涌而出，汇成了源源不断的兰溪清流，形状各异的泉水、飞瀑，域内有5米以上的瀑布30余条，30米以上的瀑布5条，塑造了独一无二的“北国水乡”。西沟秀竹茂林，突出“幽”，铺天盖地、遮天蔽日的800亩竹林给重渡沟平添了一座满目涌翠的天然画廊。重渡沟农家宾馆及精品民宿鳞次栉比，目前重渡沟拥有四星级酒店1家、三星级酒店2家、精品民宿95家、农家宾馆257家，接待床位12000余张。此外，海明农耕文化村、重渡沟漂流、滑草、滑索、滑道等引人入胜。

◎ 政策支持得力

县委、县政府成立栾川县重渡沟生态旅游建设示范区管理委员会，重渡沟管理办公室着手村规民约建设、景区发展规划和长效机制建设，积极推进5A级景区建设，完善各项基础设施及公共服务设施，通过土地流转、房屋升级改造、大环境整治等，提升旅游发展环境，着力打造5个旅游专业村。同时在招商引资方面持续发力，已成功签约河南省供销合作总社栾川重渡沟生态农业和休闲旅游综合产业集群项目，为推动区域协调发展奠定坚实基础。

典型做法

◎ 三个方面凸显康养旅游特色

做好“水”文章。重渡沟有丰富的水资源，形成了著名的金鸡河、滴翠河等景观。景区围绕“既有重渡沟，何须下江南”和“水乡竹韵重渡沟”做品牌，投资5600多万元，建成了关公湖、小吃水巷、亲水乐园等，开发了一系列水上娱乐项目。重渡沟水资源丰富高质优势，赋予重渡沟康养旅游发展的灵性。

唱响“竹”字戏。为点竹成“金”，景区建了数十里竹林长廊、数千米竹林幽径景观，开发竹筒老酒、竹叶清茶等系列旅游商品180多个，其中重渡沟竹编工艺品曾荣获“中国农业博览会金奖”。以竹为核心打造生态康养旅游产品，让游客既能睡竹床、坐竹凳、躺竹椅、跳竹竿舞，又能吃竹筒米饭、尝竹笋烩菜、品竹叶香茗、听竹箫悠扬，赋予重渡沟康养旅游发展的幽性。

凸显“乡”情怀。重渡沟虽历经几十年的旅游开发，但保留了颇为原始的农家风貌和民俗文化，为此，景区以农家体验为核心，鼓励当地村民开发建设家庭宾馆，推出了乡村农家游。从景区开发之初5户家庭宾馆50张床位，旅游接待收入5万元发展到如今数百家住宿设施、12000余张床位，村民户均旅游接待收入超20万元。短短二三十年，景区以乡愁为媒，赋予重渡沟康养旅游发展的感性。

◎ 三类营销促生旅游发展机遇

突出节庆营销。重渡沟以“月月有主题、天天有演出、人人能参与”为目标，持续举办音乐啤酒狂欢节、乡村美食节、山谷音乐节等节会活动，迄今为止已成功举办13届音乐啤酒狂欢节和5届乡村美食节，成为中原地区独树一帜和具备强大影响力的暑期夜游品牌。实施非遗项目进景区，引入栾川手工粉条制作技艺、栾川豆腐制作技艺、端午节习俗（槲包）、独角兽、背桩等非遗项目11类，开展非遗展演活动，吸引游客参与互动，扩大文旅产品消费。

强化新媒体营销。2020年中央广播电视总台大型融媒体行动“走村直播看脱贫”在重渡村进行了现场直播，央视记者通过直播的方式生动展示了游客住农家院、观农家景、吃农家饭、购农家物、享农家乐的康养度假游全过程。重渡沟还建立自媒体宣传矩阵，通过内外奖励制度激励、网红达人、话题创建、网络直播、视频发布、游记攻略、达人带货等方式，提高重渡沟的线上人气和销量。

借力惠民营销。栾川县以“政府补贴、企业让利、惠民促销”的方式开展了多项旅游惠民活动。重渡沟积极参与奇境栾川暑期惠民、“一元游栾川”消费券、“云游栾川中国年”、“首届栾川517美好乡村嗨购节”、文旅行业免门票促消费等活动，丰富游客体验，拉动景区住宿、餐饮、购物等二次消费，催热旅游市场，增强了重渡沟康养旅游产品的竞争力。

◎ 四维驱动升级旅游服务质量

以配套服务引领质量提升。着力建设完成电动汽车充电站、铁路小镇旅游道路提升等项目，进一步提升旅游配套服务能力；科学谋划实施农业采摘、精品高端民宿、写生研学基地、新媒体电商、健康养老等一批产业类项目，通过特色旅游产业发展，进一步带动景区提质升级。

以环境优化夯实质量提升。景区投入7000万元，建设日处理6000吨的污水处理厂；在人口居住密集区域设置垃圾池和垃圾箱，实行垃圾集中清理和填埋；投资2000万元对公厕、标识标牌、景区主干道等进行升级改造，修建竹林步道5公里；开展民宿提升工程，引导村内近100家精品民宿改善休闲环境、景观环境。

以村民参与推动质量提升。按照“公司+村组+农户”运作模式，探索出一条“以旅助农、以旅促农、以旅富农”的乡

村旅游发展新路子。重渡沟为村民分批定期开展礼仪礼节、服务技能、盈利模式、成本管理、优质服务主题旅游培训，同时引进设计师、策划师、成功民宿主、文旅融合专家进行入户指导，服务质量得以快速提高。

以规范管理保障质量提升。景区和村联合成立旅游管理服务协会，制定推出《重渡沟民宿建设管理办法》，并形成了村规民约，所有旅游从业人员必须要共同遵守，实行“四统一”和“四化”管理，即所有的农家宾馆要“统一建设、统一标准、统一价格、统一接待”，并要求“建设风格古朴化、服务管理规范化、内部设施现代化、外部环境田园化”，引导民宿健康可持续发展。

亮点成效

◎ **依托森林，康养功能逐步完善**

以“兴林富民、亲林健民、森林康养、造福人类”为着力点和立足点，依托森林资源丰富、空气优良、夏季气候清凉等优势，重渡沟打造以旅居为特色的森林康养示范区。通过招商引资，建设了一批以养生养老、避暑度假为特色的旅居养老基地，其中标准客房、养生餐厅、老年活动室、中餐厅等配套康养设施齐全，并配备有专属医疗服务团队和专业医学设备。森林康养功能不断健全，重渡沟旅游吸引力持续增强，成为河南省乃至全国范围内有较高知名度的森林康养旅游目的地。

◎ **品牌凸显，旅游热点持续升温**

景区抢抓自驾游和居民消费升级机遇，立足游客需求，发展夜经济，创新运营管理模式，打造“夜间购物、特色餐饮、文体娱乐、演艺体验、观光旅游”五位一体的夜间文化和旅游消费集聚区。在“规划设计专业化、乡村建筑景观化、服务管理星级化、民宿客群定位差异化、文化特色本地化”五大原则指引下，重渡沟旅游服务质量实现飞跃式提升，品牌知名度和影响力不断增强，“重渡沟现象”更是成为国内乡村生态康养旅游的标杆。

◎ **文创赋能，产品特色日益凸显**

重渡沟深入挖掘本土文化，将其与旅游开发创造性相结合，创造出多种特色鲜明的旅游产品。“文创＋景点”理念指引下，重渡沟投资 700 万元建成马海明先进事迹展览馆，传承弘扬海明精神；“文创＋非遗”理念指引下，打造“一线织忆”土布织艺体验非遗赋能空间、如意醋坊、“竹里 · 竹礼”竹编坊、土陶坊、耕织记忆农耕馆；“文创 + 民宿”理念指引下，烟雨云舍、竹韵栖馨、优觅澜山、千寻溪语等别具文化底蕴的名字展现着重渡沟诗意栖居的禅意。

◎ **普惠金融，共同富裕未来可期**

重渡沟景区通过与各大银行建立合作，充分发挥金融“活水”作用。在重渡沟村推出“福民快车”等信贷产品，实行“旅游景区 + 信用村 + 农家宾馆”模式，以信用村创建为重要抓手，为重渡沟广大农户提供小额授信，重点支持农户家庭宾馆升级改造。将栾川县重渡沟从以前的穷村乱村打造成现如今的国家 4A 级景区、中国农家宾馆第一村，帮助重渡沟村民快速走上了致富路，同时以重渡沟为点带动乡村振兴的面，有力促进了整个栾川县旅游产业的发展。

专家点评

· 唐承财 ·

重渡沟从做好“水”文章、唱响“竹”字戏、凸显“乡”情怀等三个方面凸显康养旅游特色，通过突出节庆营销、强化新媒体营销、借力惠民营销等三类营销促生旅游发展机遇，以配套服务引领质量提升、以环境优化夯实质量提升、以村民参与推动质量提升、以规范管理保障质量提升等四维驱动升级旅游服务质量。以“兴林富民、亲林健民、森林康养、造福人类”为着力点和立足点，依托森林资源丰富、空气优良、夏季气候清凉等优势，重渡沟打造以旅居为特色的森林康养示范区；发展夜经济，创新运营管理模式，打造“夜间购物、特色餐饮、文体娱乐、演艺体验、观光旅游”五位一体的夜间文化和旅游消费集聚区；深入挖掘本土文化，将其与旅游开发创造性结合，创造出多种特色鲜明的旅游产品；与各大银行建立合作，充分发挥了金融“活水”作用，推出“福民快车”等信贷产品，实行“旅游景区＋信用村＋农家宾馆”模式。

红绿相映谱写文旅新篇

——河北英雄太行山·中国红河谷

太行山南麓，绵延着清澈的清漳河。浩浩清漳润泽着涉县的土地，养育着此处的人民。绿，是太行红河谷的底色，千山一碧、绿水生辉，展现着两岸旖旎风光；红，是太行红河谷的亮色，革命老区、军事旧址，记录着铮铮红色岁月。近年来，邯郸推进太行红河谷文化旅游经济带建设，将红绿资源融合，谱写文旅新篇。

太行红河谷文化旅游经济带隶属于河北省邯郸市。太行红河谷绵延132公里，串起涉县全境及磁县和峰峰矿区部分区域，总面积接近2000平方公里。2019年，邯郸市首次提出依托太行山丰富的红色资源和生态旅游资源，扎实推进太行红河谷建设，进而推动冀西南创新发展、绿色发展、高质量发展的蓝图设想。经过几年的发展，一幅集国家红色研学旅游示范区、太行山绿色产业示范区、特色山水旅游胜地于一体的壮美画卷正徐徐铺展开来。2021年9月，第六届河北省旅游产业发展大会以打造“国家红色旅游经典景区”和“太行红河谷文化旅游经济带”为目标，在主会场涉县召开，太行红河谷迎来新一轮发展腾飞的重要契机。

发展基础

◎ 区位条件良好

太行红河谷所处的邯郸市区位条件优越。邯郸市居于晋冀鲁豫四省要冲和中原经济区腹心，是联动京津冀和中原地区的重要枢纽。“一小时经济圈”覆盖中原经济区 13 个市，“两小时经济圈”直通石家庄市、太原市、郑州市、济南市四个省会城市，区位优势突出，发展腹地广阔。

◎ 旅游资源丰富

太行红河谷人文资源得天独厚，拥有红色革命文化、历史

涉县娲皇宫

文化和民俗文化等丰厚的文化积淀。国家5A级景区娲皇宫景区传扬着女娲创世的远古神话。以红色文化为核，一二九师连心巷、赤岸公园、红色记忆小镇等一系列红色景观形成网状红色教育基地。太行红河谷自然景观秀美，因木而秀，因水而美。国家4A级景区韩王山和太行五指山演绎着“山山佳木秀，岭岭翠云飞”之盛景，清漳河和磁县滏泉湖风景区，流水涓涓，碧波荡漾。

◎ **基础设施健全**

太行红河谷所处的邯郸市是全国重要的公路交通枢纽之一，境内形成了“五纵五横”的干线公路网络，具备铁路交叉、国道交会、高速纵横过境和航空港四位一体的立体交通网络，旅游通达性高。涉县自2015年开始着力建设全域旅游示范区，秉承主客共建共享理念，提质升级全县景区，整治生态环境，建设基础设施，打造千里旅游大道，优化旅游公共服务质量，于2019正式入选首批国家级全域旅游示范区。

◎ **多级政策支持**

涉县以战略的思维、长远的眼光，高站位持续深化全域旅游发展规划，确立“一体两翼”的顶层设计，走以红色旅游为主体，根祖旅游、山水旅游为两翼的全域旅游发展之路。邯郸市对标《太行山旅游业发展规划（2020—2035年）》，成立太行红河谷规划建设指挥部，高水平规划，高质量建设，高规格推进，制定《中国太行红河谷发展规划》。

典型做法

◎ 多维发力：打造多个国家级品牌

一是政策引领，从政策层面明确太行红河谷的发展方向。邯郸市于2020年出台《邯郸市文化旅游产业发展规划（2020—2025年）》，提出按照“点线相连、融合共赢”的原则，以推进重大文旅产业项目、培育优势文旅企业、促进文旅消费增长为重点，结合美丽乡村建设与扶贫开发战略，整合开发历史文化旅游产业、做大做强红色文旅产业、融合发展生态文旅产业、推进创新民俗文旅产业，努力打造具有全国乃至国际竞争力的“太行山文旅”品牌，将太行红河谷打造成文旅产业聚集之区、文旅生态涵养之区、文化旅游休闲之区。

二是红色为基，创建国家红色研学旅游示范区。邯郸市厚植红色沃土、高点筹划，力争把红色资源保护好、管理好、运用好。一方面遵循“复原遗址、修旧如旧”的原则，对晋冀鲁豫边区政府旧址、太行军区司令部办公室等红色景观进行提质升级，按照“等比建设”原则集中建设红色记忆小镇研学基地，用旅游载体让革命文物“活起来”。另一方面积极开发爱国主义课程体系，打造军事体验、劳动生产、体能拓展、科学探索等活动场地，策划组织研学教育主题活动，推动文化体验与红色研学融合发展，着力培育红色研学产业，为建设国家级红色研学旅游示范区奠定坚实基础。

三是绿色为底，打造好山好水好风光。太行红河谷遵循“生态优先、绿色发展”理念，积极开展绿美攻坚行动，为五指山、太行山铺上一条条厚厚的绿毯，使之成为呼吸最畅、星星最亮

太行山栈道

的地方。对清漳河进行节水改造，构建起3000余亩河湖梯级水面。经过持续建设，全域绿化生态格局和生态水系基本形成，太行红河谷逐渐蜕变为充满生机的特色山水旅游胜地。

◎ 多措并举：塑造红色旅游形象

围绕“英雄太行山·中国红河谷”品牌多措并举塑造旅游形象。一是把握传统营销，树立太行红河谷影响力。邯郸市重视红色文化学术研究与艺术创作，围绕涉县历史文化相继出版《太行山魂》《涉县革命旧址追寻》《邓小平的涉县岁月》《涉县八路军一二九师纪念馆》等书籍，演出《十九大精神放光芒》《老两口宣讲十九大》《美丽涉县赞》《幸福新涉县》《太行丰碑》等原创剧目，传唱《太行红河谷的欢唱》《红河谷长又长》等原创歌曲，深度宣传太行山红色文化，描绘太行红河谷最“红”的底色。

二是重视新媒体营销，扩大太行红河谷品牌热度。央视网、腾讯新闻、网易新闻、搜狐网、邯郸新闻等主流媒体、门户网站、区域网站以铺天盖地之势对太行红河谷进行宣传报道。与此同时，官方搭建太行红河谷微信公众号发布系列旅游推文，河北公共电视台拍摄并多渠道播放旅游宣传片，邯郸本土媒体在新浪微博、抖音等平台开展网络宣传，进一步扩大了太行红河谷的旅游影响力。

三是突出产品营销，提升太行红河谷知名度与美誉度。涉县以现场空间为舞台，以实景环境为背景，创作大型行浸式夜游体验剧《再回太行》，融合“光、影、游、演、商”五项创作元素，集光影、科技、场景、文化于一体，为游客带来强烈的视觉冲击、新奇感受、带入体验及主题呈现，提升了太行红河谷知名度与美誉度。

◎ 产业融合：擦出旅游发展“新火花”

一是培育康养+旅游业态，建设京津冀健康养生养老基地。涉县发挥环境美、生态美、空气好的优势，在符山铁矿旧址、150电厂旧址及县城周边建设健康养生基地和园区，达到万人康养容纳能力，这里已成为京津冀的后花园。

二是培植红色产业，促进研学旅游发展。围绕刘邓大军诞生地、晋冀鲁豫边区首府地的核心资源，以赤岸村为核心，重点打造红色记忆小镇二期、赤水湾湖、赤岸研学小镇等五大项目，形成一二九师红色精神体验核。同时联动周边区域，以晋冀鲁豫根据地文化为载体，做好文化遗存保护与修复，推动文化体验与红色研学融合发展，打造成为全国知名的红色主题深度体验旅游区。

三是打造数个特色小镇，助力脱贫攻坚。太行红河谷坚持产业“特而强”、功能“聚而合”、形态“小而美”、机制“新而活”的目标，以清漳河谷产业轴主导，山水休闲度假环环联动，建设常乐鲟鱼小镇、赤岸研学小镇、七彩创意小镇等9个特色小镇，发展多种特色农业，全面推进乡村振兴。

亮点成效

◎ 提质升级，构建全域旅游新格局

党的十八大以来，涉县以发展全域旅游为抓手，全面完成了规划任务，旅游产业规模不断壮大，知名度和美誉度不断提升，依照“全域旅游、全季旅游、全业旅游、全龄段旅游”新

理念，构建了全域旅游发展新格局。太行红河谷以全域旅游为统揽，借助清漳河及两岸生态景观，挖掘沿线村庄的红色文化、历史文化、民俗文化，构建“吃、住、行、游、购、娱”多业态，形成良好的旅游发展格局。

◎ 借旅发大会东风，提升旅游公共服务质量

以第六届河北省旅游产业发展大会为契机，对核心红色文化旅游景点进行提质改造，通过一镇一公园、一馆一旧址，推动景区创5A建设，壮大红色教育产业。同时打通关键交通环节，接通4个县（区）的旅游大道，形成总长235公里的太行山旅游风景道，共串起15个乡镇、68个旅游景区、35个特色村落，贯穿整个太行红河谷文化旅游经济带，开启“以景引路，以路为景”的全新旅游模式，引领自驾体验游迭代升级，全市旅游公共服务质量迈上新台阶。

◎ 乡村振兴，带领革命老区脱贫致富

太行红河谷构建起“景区带小镇、小镇带乡村”的发展模式，现已完成5个特色小镇一期工程。创建并带火“韩山带礼”“红河谷”等一批优质农旅品牌，产业年收入达1.4亿元，带动3500余人就近就业。推动太行红河谷沿线乡镇产业转型发展，打造太行山绿色产业示范区，形成一系列特色产业集聚，带动红河谷20个乡镇、137个村10万人实现就业增收，沿线村民人均年收入从不足3000元增长到1万元以上。

远眺太行山风光

专家点评

· 邢慧斌 ·

太行红河谷将涉县和峰峰矿区丰富的自然旅游资源、红色文化、历史文化和民俗文化相串联，建成了国家红色研学旅游示范区、特色山水旅游胜地和太行山绿色产业示范区，构建起集红色旅游、民俗旅游、研学旅游和绿色旅游等多种业态于一体的全域旅游体系。充分依托特有资源，鼓励支持当地居民从事特色种养产业和接待服务产业，通过三产融合拓展和完善旅游产业链，形成了经济集聚效应，带动了沿线旅游经济发展。通过开发红色记忆小镇等旅游新业态，打造沉浸式旅游体验，不断提升旅游吸引力，增强旅游品牌价值。太行红河谷立足革命老区实际，积极吸纳当地居民参与旅游产业，走出了一条“景区带小镇、小镇带乡村”特色鲜明的共同富裕之路，产生了良好的社会效益和经济效益，为太行山区以及我国其他欠发达地区的旅游发展提供了可资借鉴的经验。

精准发力成就雨林品牌

——海南三亚呀诺达

三亚给游客的传统印象，往往是碧蓝的海水和金黄的沙滩，其实三亚还有一抹点缀在山海之间的明媚绿色，那就是中部的热带雨林景观。呀诺达雨林文化旅游区是中国唯一地处北纬 18 度的热带雨林，随处可见参天巨榕、百年古藤，亦有峡

呀诺达热带雨林瀑布

呀诺达热带雨林内部

谷奇观、流泉叠瀑，可谓既有雨林风貌又具有山野灵性。

海南呀诺达雨林文化旅游区，位于海南省保亭黎族苗族自治县三道镇三道农场，整体规划面积45平方公里，外围有123平方公里的生态恢复保护区。呀诺达在黎语中是“一二三”的意思，蕴含着原生态文化的意味。景区民俗文化丰富，黎苗族文化特色鲜明，充满了浓郁的热带风情，是海南岛不可多得的热带雨林自然风光区和黎苗少数民族集居地，具有极高的观光和游览价值。呀诺达雨林文化旅游区坚持天人合一的生态开发理念，以天然自然景观为基础，保护和强化景区优美的自然生态环境，融汇“原始生态绿色文化、黎苗文化、南药文化、民俗文化”等优秀文化理念，营造出热爱自然、感受自然、回归自然的文化氛围。

发展基础

◎ 旅游资源富集

海南呀诺达雨林文化旅游区集热带雨林、峡谷奇观、流泉叠瀑、黎峒风情、热带瓜果、南药、温泉多种旅游资源于一身。丰富的自然旅游资源与人文旅游资源为呀诺达热带雨林景区规划建成原始热带雨林区、山地活动区、旅游区和生态居住区四大区域及呀诺达雨林山谷、呀诺达经石峡谷、呀呀呀热带果乡、亲达达养生庄园、哇哎噜蜜月山庄、呀诺达旅游小镇、啪噜边野外拓训、大大瑟黎苗博览和综合服务区9个主题功能景观区提供了基础条件。

◎ 区位条件优越

海南呀诺达雨林文化旅游区位于大三亚旅游规划中的生态景观轴上，是“大三亚旅游圈”的“金三角”地区。景区距三亚市仅 35 公里，距凤凰机场 52 公里，被人们称为“三亚后花园”。海南中线高速经此连接东线高速公路，又是中部山区热带雨林的东部起点，热带雨林的特征亦全部凸现，可谓海南旅游山海互动的绝妙承接点、联动点。除此之外，景区北面与五指山、七星岭比肩相连；东眺南海碧波万顷，美丽的海棠湾近在咫尺，与南中国第一温泉蓝田温泉仅一水之隔。

◎ 政策红利助力

产业政策是推进海南呀诺达雨林文化旅游区发展的重要力量。近年来，实施“国际旅游岛”战略、“自贸区”建设等各种助力海南省发展的重要举措渐渐落地。海南“国际旅游岛”建设上升为国家发展战略之后，发展中部山区旅游被真正纳入省委省政府的战略思考之中。2011 年 7 月，海南省委、省政府出台《关于加快发展海南热带森林旅游的决定》，以期在严格保护森林资源、不破坏海南良好生态环境的前提下，推动构建海南森林旅游和滨海旅游“山海互动”的发展格局，塑造具有热带岛屿特色的森林旅游品牌，致力于把海南建成国内外知名的热带森林旅游目的地。

典型做法

◎ 另辟蹊径：开发中部“绿色”资源，践行“山海互动”战略

海南旅游建设发展长期以来偏重于沿海的“蓝色”开发。

而海南作为中国唯一的热带海岛，其中部地区热带雨林更具有独特性与开发价值，长期以来其开发建设的重要性却被低估。因此，将东海岸已趋饱和状态的以海洋为底色的“蓝色”资源与中部亟待开发的以热带雨林为基础的“绿色”资源互补结合就成了呀诺达雨林文化旅游区建设的切入点。如果将东西两翼的海滨旅游休闲度假区与海滨旅游景观展示区类比为凤凰腾飞之翅，那么从三亚向北延伸的中轴线，则是凤凰昂扬向前的头颈。这一中轴线上的热带雨林景观是海南旅游极具发展潜力的处女地。

呀诺达雨林文化旅游区建设团队大胆布局，率先践行“山海互动”战略，大手笔谱写出海南旅游“蓝绿融合”的代表作。景区将海洋旅游资源与热带雨林资源有机融合，使其在得到良好保护的情况下，创造了最佳的社会效益与经济效益，为中部山区旅游开发提供了一个极好的范本。

呀诺达景区风光

◎ 精准发力：生态建设与文化发展双管齐下

呀诺达雨林文化旅游区具有良好的文化资源禀赋，并且在文化挖掘与展现过程中与其生态环境相得益彰。在呀诺达雨林文化旅游区内，每一处景观，都是按照“大生态、大文化、大教育、大旅游”的发展理念打造的。生态与文化，在雨林文化旅游区融为密不可分、相辅相成的共生体。

这里的原生态热带雨林景观，在海南中部地区并不格外出彩，但经过文化的巧妙濡化，一切平凡都变得神奇起来。所有造访过呀诺达雨林文化旅游区的旅游者几乎都会有这样一种感受：山不在高，景不在奇，在于精巧布局。在娱乐项目上，景区增加了呀诺达雨林狂欢演艺活动，分别为“梦回呀诺达”大型演艺活动和热带雨林 4D 电影院。呀诺达雨林文化旅游区还依托海南本土人文资源和自然资源，多维发掘海南黎苗本土文化、民俗文化，建设黎苗的竹竿舞、黎族八音、黎族礼仪的展示馆，打造呀诺达生肖广场，把整个园区构建成鲜活的雨林生态博物馆，配套建设信息中心、科普中心，让传统文化找到流行的打开方式。

◎ 立足服务：力求宾至如归、主客相融

呀诺达雨林文化旅游区对内执行军事化管理，对外传递快乐理念，旨在为游客提供更优质的服务。所有的景区工作人员在与游客碰面或有眼神交流的时候，都会热情地笑着比画手势“V”，互喊“呀诺达”以示友好。走进呀诺达，一张张诚挚的笑脸，一声声爽朗的“呀诺达”招呼声，使得景区四处洋溢着愉悦轻松的人文氛围，构成了独特的景区待客文化。景区创建者对此解读说：呀表示创新，诺表示承诺，达表示践行。而

比画手势，则将呀诺达服务通过意、声、行第一时间传递给游客，形成呀诺达人性化服务的一大品牌亮点。一句亲切的“呀诺达”，不仅消除了主客之间的隔阂，更让游客融入景区，体验沉浸式的热带人文风情。

值得一提的是，呀诺达雨林文化旅游区的表演与传统表演中演艺者向观赏者的单向输出不同，其亮点就在于主客双方的共同参与。园区自创的“雨林精灵”舞曲，更是将“主客相融”理念体现到了极致。“雨林精灵”舞曲响起之时，一线工作人员都会跟着节奏翩翩起舞，其干练轻巧的动作配合欢乐明快的旋律，极富感染力，闻者都将不由自主地参与这一场热带风情狂欢。

亮点成效

◎ 新业态新产品亮点纷呈，重塑中国海岛旅游的定义

呀诺达雨林文化旅游区在海南旅游发展进程中，不断提出高屋建瓴的文化创意，创新改进运作模式。呀诺达的建成，使得三亚全地域被打通，形成了“两翼一轴”海滨夹裹雨林的发展格局。文化创意可谓是其建设与发展、生存与成功的关键所在，是神圣的“呀诺达”建设发展之魂。如雨林实景剧本杀，雨林拓展，真人 CS，高空威亚，高空滑索，悬崖观海秋千，踏瀑戏水，邂逅萌宠，陶醉兰花溪，打卡哇哎噜玻璃观景平台，秀都 · 魔幻秀，汉服、旗袍、洛丽塔服饰免费游雨林等网红项目人气火爆，创新玩法让游客朋友们大呼过瘾，好评如潮，为呀诺达雨林文化旅游区带来了新亮点，让游客在海南的热带

雨林里“花式”体验新玩法。

◎ 借新媒体营销东风，扬呀诺达品牌风帆

呀诺达雨林文化旅游区紧跟时代发展潮流，通过多样化新媒体平台整合线上线下营销资源，进行旅游营销推广。在新媒体矩阵联动宣传营销背景下，景区结合自身特色推进旅游品牌宣传工作。如2021年举办抖音“探索雨林呀诺达go”话题挑战赛，整个话题总播放量突破1.2亿次；2021年国庆黄金周于新浪微博策划“呀诺达雨林主理人”事件营销活动，取得了当日话题热搜位列16、微博话题总阅读数4.3亿、45家媒体直发/分享转载、用户互动量达3.3万+、官方微博阅读次数168万+的实际成效。此外，呀诺达雨林文化旅游区还通过新媒体矩阵联动扩展旅游信息传播渠道，加快旅游IP推广及旅游品牌的塑造。

◎ 构建新发展理念，助力乡村振兴

近年来，呀诺达雨林文化旅游区以新发展理念为指引，立足当地实际，适应农村一二三产业融合发展和美丽乡村建设的新要求，推进巩固拓展脱贫攻坚成果同乡村振兴有效衔接，助推乡村全面振兴，致力于改善当地村民生活条件，成为保亭黎族苗族自治县的发展引擎。依托景区，周边的村民参与发展农家乐、小旅馆等业态，有效提高了当地的税收水平。作为海南省首个“扶贫济困型”共享农庄，保亭黎族苗族自治县开创性地采取了“共有、共享、共富”的“三共”开发运营模式，将共享农庄建设与精准扶贫、乡村振兴相结合，为探索旅游助力农村一二三产业融合发展探索了一条可复制可推广的路径。

呀诺达悬崖观海秋千

专家点评

· 耿松涛 ·

呀诺达雨林文化旅游区将雨林景观与民俗文化相结合，以创新驱动发展，深入贯彻“绿水青山就是金山银山”的核心理念，在保护生态环境、保证自然资源可持续利用的前提下，开发文化创意产品，提升景区品质与知名度的同时，也向外界充分展示了热带雨林景观的特色与亮点。以理念为支撑，以产品为依托，以宣传教育为辅助，创造性地践行“山海互动”战略，促使呀诺达旅游发展向专业化、产业化和品牌化方向演进。在疫情防控常态化的背景下，通过别出心裁的宣传手段，如借助大数据精确对标目标用户，将线上流量转为线下的游客，为景区带来更多营收，并提升了“呀诺达”品牌的影响力与竞争力，切实带动地区经济发展，助力乡村振兴，预防脱贫返贫，为中部山区等地的旅游开发提供了良好示范。

加快发展旅游经济，建设旅游经济强省，
必须坚持创新与继承相统一，
在继承中创新，在创新中发展，
不断求新、求变、求精，
大力弘扬优秀的民族文化和民族精神。

——习近平

03

多元组合 业态共生

- 民宿旅游发展的新示范
——浙江德清莫干山
- 复合功能转变的新途径
——贵州赤水河谷旅游公路
- 低碳旅游发展的新答卷
——福建厦门海空自行车道
- 魅力湖湘夜游的新范本
——湖南长沙五一商圈
- 特色品牌营销的新思路
——湖南天门山极限运动
- 全民共享旅游的新实践
——湖南莽山全程无障碍旅游

民宿旅游发展的新示范

——浙江德清莫干山

坐落于浙江省湖州市德清县的莫干山，自古以来便颇负盛名。干将莫邪之典故，为其平添一抹神话色彩；星罗棋布的别墅，为它装点一身异国风情。历经千年风霜洗礼，莫干山如今是中国四大避暑胜地之一，提供春日踏青、夏日避暑、秋日疗养、冬日赏雪等旅游服务，其中尤以避暑疗养为游客所喜爱。

莫干山处于沪、宁、杭金三角中心，风景优美，被誉为“江南第一山”。莫干山民宿享有盛名，不仅是游客的居住场所，其本身也成为独特的旅游资源。莫干山第一家真正意义上的民宿是民国别墅“颐园”，2007 年成立了“裸心乡”民居，自此开启了莫干山的“洋家乐”模式，越来越多有品位的投资力量加入进来，提高了民宿业的经营理念和管理水平，为莫干山民宿品牌的发展创造了良好环境。2011 年以来，莫干山民宿呈现快速增长的趋势，截至 2019 年底，民宿数量超过 800 家，莫干山民宿产业发展趋势由低档民宿爆发式增长转向中档民宿快速增加、高档民宿稳步扩张、低档民宿升级或淘汰转变，产业结构也从金字塔格局变成纺锤体格局。

发展基础

◎ 区位交通便利

莫干山区位交通便利，成为发展民宿旅游的首要条件，这里104国道南接杭州，与320国道相连通；这里北接318国道，连接南京、上海、安徽；这里304省道连接余杭临平。而杭宁高速公路直穿德清中西部，使得杭州、上海、南京、宁波等城市到德清的时间大为缩短。德清目前有两条火车线：宜杭铁路和德清站至宁杭客运专线（高铁）。此外09省道和三莫线可分别自南坡和东坡进入景区中心。

◎ 文化底蕴深厚

莫干山历史久远，文化底蕴深厚，其名字来源于春秋末年干将莫邪铸剑的故事，神话传说给人留下无限的畅想，干将莫

莫干山裸心堡

邪文化现象是莫干山基础文脉之一。秀丽迷人的风景更是引得众多名人来此观赏游览留下足迹和诗画，张大千曾游历莫干山返回后作《莫干新夏》并题诗；郭沫若在莫干山别墅中赋诗两首；陈毅也称赞“莫干好，大雾常弥天，时晴时雨浑难定，迷失楼台咫尺间，夜来喜睡眠”。

莫干山的传统建筑是历史的见证，晚明开始西方文化渗入，许多外国人在这里聚居，留下了许多充满异域风情的建筑，近代时期许多外籍建筑商、传教士在此活动并建立医院、教堂等。莫干山因此被称为“万国建筑博物馆”。

◎ 民宿资源独特

莫干山拥有深厚的历史文化资源和优越的自然资源。作为中国四大避暑胜地之一，莫干山风景优美，山峦重叠，植被丰富，空气清新，四季宜人。春多云海，夏日凉爽，秋日天高，东有积雪。有竹、云、泉三胜，绿、静、清三宝，绿化覆盖率高达92%。气候舒适，即使在最炎热的7月平均气温也只有24℃，是盛夏避暑胜地，同时具备旅游观赏和山岳疗养条件，是难得的旅游资源。

◎ 扶持政策有力

2016年，国家发展改革委等10个部门联合制定的《关于促进绿色消费的指导意见》指出，对于民宿出租等共享经济的发展，要创新监管方式，完善信用体系。由此可见，民宿管理逐渐成为政府工作的一部分。此外，国务院还在2016年印发的《“十三五”旅游业发展规划》中要求，住宿业品牌的打造要成为“十三五”期间旅游发展的重要部分。在这一规划下，2019年，文化和旅游部公布《旅游民宿基本要求与评价》新标准，进一步推动了民宿品牌化发展进程。

浙江省2016年发布了《浙江省人民政府办公厅关于确定民宿范围和条件的指导意见》，规范民宿业的发展。莫干山民宿旅游发展开创了崭新格局。

典型做法

◎ 政府大力引导

在莫干山民宿崛起的路径中，政府的引导与规范管理始终扮演着重要的角色。自裸心乡民宿开业后，吸引了一大批外国人来此开办民宿。德清县政府十分重视这一现象，并在2009年首次提出了“洋家乐”的概念，同时设立“乡村旅游发展科”进行大力发展；2014年德清县出台了《德清县民宿管理办法（试行）》将民宿定为莫干山接待业空间的统称；在民宿管理上，实施政府与民间机构共同管理，2015年出台《德清县民宿管理办法》，并成立民宿发展协调领导小组，对民宿经营等方面进行监督检查；在土地政策上，对民宿项目通过“点状供地”，减轻企业负担，降低土地浪费。德清政府也一直将莫干山民宿作为旅游重要形象来打造，为民宿的发展提供政策、推广宣传等方面的支持；践行“绿水青山就是金山银山”的理念，提供良好的生态环境；提供民宿等级划分和评定标准，规范民宿的发展；举办马拉松、黄酒节等吸引游客前来体验；组织建设莫干山民宿二维码，方便游客获取民宿信息；邀请组织国内外领导专家前来考察、签订合作协议；实现农村宅基地“三权分置”，解决民宿的土地与房屋产权权益问题等。这众多的举措为莫干

航拍莫干山民宿聚集区

山民宿的发展提供了有利的支撑。

◎ 多方营销推广

莫干山民宿品牌有如今的成就离不开整合营销加持，通过整合报刊、电视、广告、自媒体等具有较强现实感和庞大受众基础的媒体，将其发展理念与受众进行有目的的沟通，推动品牌实现精准营销。在莫干山“洋家乐”刚起步时，英国作家的《公绍文章》在国外引起巨大反响，美国的《纽约时报》和德国的《镜报》对莫干山进行采访打开了国外知名度，后来众多国内媒体跟进报道，《人民日报》等国内权威媒体的发文更让莫干山走进大众视野。2014 年以来莫干山民宿多次亮相中央电视台，民宿品牌得到大力推广。莫干山也在高铁、机场等投放广告大屏展示精美民宿和秀美风景，通过高铁电视、语音播报等强化游客认同。在新媒体时代，莫干山通过社交网络微信、微博、抖音、小红书等广泛传播，不仅能单向发布信息还能进行双向互动。

◎ 集群发展赋能

莫干山民宿之所以能够发展壮大，在于其走上了产业集群发展的道路，为乡村振兴发展赋能。当今城市人们的工作生活压力使得他们向往乡村度假生活，这种需求促使了民宿业的快速发展。裸心乡的成功让更多投资者入驻，同时德清政府也抓住机遇，出台了诸多政策助力民宿业，“洋家乐”成为精品民宿，更多的投资者被吸引，纷纷进行复制模仿，莫干山区域内逐渐形成了民宿集聚区，当地人也随之对自家房屋进行改造经营民宿。

亮点成效

◎ 旅游经济增长显著

通过发展乡村民宿，莫干山乡村经济发展迅速，旅游收入增长显著。莫干山镇 2019 年全年接待游客超 272 万人次，实现旅游收入超 25.8 亿元，财政总收入 1.62 亿元、增长 10% 以上，固定资产投资增长 73.6%。2019 年度的生产总值 14.5 亿元，其中第一产业 3.39 亿元，第二产业 3.43 亿元，第三产业 7.68 亿元。人均可支配收入超 3.6 万元，增长 10% 以上。

◎ 基础设施更加完善

莫干山镇十分重视基础设施、智慧旅游发展设施、公共服务设施的建设和发展，统一基础设施建设标准，营造了良好的全域度假氛围和基础设施条件。目前，莫干山镇完善了景观标识系统、引导标识牌、名称标识牌“三位一体”的旅游交通指示系统，新建标识标牌800多块。实行城乡环卫一体化机制，使农村生活垃圾全部实现分类回收；实施水源地水库改建、水厂扩容等工程，全力保障饮用水安全。旅游发展设施方面，结合城市大脑建设工程，安装游客免费Wi-fi，开发乐游莫干APP、小镇莫干和莫干山国家旅游度假区微信公众号等网络服务平台，提供预订、登山指引和信息咨询等服务。强化旅游交通建设，加快建成内外交通网络，推进劳岭紫岭隧道、304省道等16项交通工程提升，完成道路建设199公里，新建公共停车位3000多个，实现了交通干道、旅游通道的全面拓展。打造了多条美丽乡村景观线，其中异国风情观光线绿道获得全省“最美绿道”称号。推进“厕所革命”建设，截至2018年累计完成新建、改建旅游厕所8座，2019年新开工建设5座，其中有5座被评为旅游示范厕所。

◎ 民宿品牌效益明显

莫干山旅游业的发展不同于一般的风景区主要依托观光，而是将民宿打造成旅游吸引物，积极创新现代建筑文化丰富民宿的表现形式，与本地特色相结合挖掘文化资源，不断推陈出新，品牌化发展让莫干山名宿在众多模仿者中始终独树一帜。在莫干山民宿产业兴起的过程中，当地通过产业带动“人、地、财”3个核心要素的合理配置推动文化和旅游产业的发展，成为带动当地乡村振兴的重要引擎，也形成了“莫干山现象”。

专家点评

· 胡　兵 ·

莫干山依托优质生态环境、历史人文资源和长三角城市群的巨大人流与消费力，以多元主题化的民宿产业为先导带动乡村旅游和乡村振兴发展，始终坚持改革创新，保持发展活力和动力，创造多项全国“第一”。通过乡村资源、生态资源、避暑资源、文化资源等多种资源的融合，以“民宿”为核心，打造了乡村休闲、避暑度假、生态康养、民宿体验、艺术研学、设计研讨、商务考察等多种业态共融的旅游产业集群区。通过“民宿+”的形式，以“政企合作”推动乡村旅游从单一民宿到业态多元发展，从单一住宿业态逐渐向产业集群转变，从自主经营到公用品牌打造，从观光到休闲度假逐步升级，不断探索乡村旅游发展特色之路。莫干山民宿作为乡村旅游的高级形态和中国民宿产业发展的领头羊，以其产业化、品牌化、市场化、国际化，成为乡村振兴的“德清样板”。

复合功能转变的新途径

——贵州赤水河谷旅游公路

“习水清涟如玉练轻舒，赤水碧波似骏马奔驰”，描写的正是流经云贵川三省的赤水河。工农红军四渡赤水的故事，赋予其“英雄河”之美誉；沿岸无数琼浆玉露的诞生，谱写其“美酒河”之佳话。近年来，遵义市依托赤水河丰富的旅游资源，打造赤水河谷旅游公路项目，成为旅游业态创新的典范。

赤水河谷旅游公路是全国第一条河谷旅游公路，第一条服务完善的快慢综合交通旅游廊道。该段公路起于中国第一酒镇仁怀市茅台镇，经习水县土城镇，止于世界自然遗产丹霞地貌赤水市游客服务中心，途经 12 个镇（乡），沿线有 4A 级景区 13 处，世界自然遗产 1 处，包含 160 公里山地自行车道和 154 公里汽车道，沿途文化资源丰富、自然景观多样，服务设施完善、多种旅游体验交相辉映，是一条美丽的旅游文化长廊。

该公路以“贵州第一、中国一流、世界知名”为定位，整合沿线旅游资源，先后举办了户外三项挑战赛、超级长跑、自行车联赛等大型活动赛事，形成了“快进慢游”的旅游格局，是贵州省“公路 + 生态旅游”建设模式的新尝试，是实现公路交通基础设施从单纯满足出行功能向交通、生态、文化传播、旅游、消费等复合功能转变的新途径，也是普通国省干线“畅、安、舒、美”示范路的升级版。

发展基础

◎ 文化独特而深厚

赤水河有“美酒河”的美誉，沿线有茅台、习酒、郎酒等众多名酒品牌；有“四渡赤水”的红色文化印记；作为“川盐入黔”的主通道，有着众多盐运文化的痕迹；途经素有“川黔锁钥”之称、建有中国唯一“十八帮文化”体验馆的千年古镇、中国历史文化名镇——土城古镇，以及享有“明清建筑与历史的活化石”“千年军商古城堡”等美誉的中国历史文化名村、全国100个红色旅游经典地之一的丙安古镇；赤水河旅游公路

贵州赤水四洞沟瀑布

建设期间，沿线发现文物古迹40多处，出土了大批从石器时代至明清时期的遗迹和文物。

◎ 生态原真而优美

赤水河是长江上游一级支流中唯一自然流淌、原真性较好的河流，于2005年经国务院批准成立了“长江上游特有、珍稀鱼类保护区”。茅台至赤水段赤水河谷总的地貌特征是山高、谷深、坡陡，赤水河谷两侧高山对耸、气势恢宏、景色秀美，山间林木茂密葱茏，丹霞地貌怪石嶙峋，赤水河河水清澈透明，两岸分布有几十条形态各异的瀑布，堪称原生态亚热带森林博物馆。赤水河流经贵州赤水国家桫椤自然保护区，桫椤为国家二级保护野生植物，是一种起源古老的大型树蕨，其种群在1.8亿年前与恐龙同生共荣，享有“活化石”盛誉。

◎ 资源多样而丰富

赤水河谷旅游公路沿线不仅有深厚的四渡赤水红色文化、国酒文化、盐运文化、古镇文化、考古文化，丰富的河谷、瀑布、田园、村镇及喀斯特地貌和丹霞地貌等景观，更有花灯戏、苗族芦笙舞、油纸伞制作技艺、高腔大山歌、茅台酒酿制技艺等丰富的非物质文化遗产，随着旅游业的持续发展和对优质资源的整合利用，形成了国酒茅台、四渡赤水、赤水丹霞等重量级旅游品牌，打造了世界自然文化遗产旅游地、中国山水康养旅游胜地、中国红色文化精神圣地、中国民族文化传承发展区，赤水丹霞旅游区、赤水竹海国家森林公园、中国侏罗纪公园桫椤保护区等大小20余个景区。

◎ 政策利好而持续

2014年底，遵义市委、市政府依托赤水河沿线丰富的旅游资源，正式立项赤水河谷旅游公路项目。2016年，第十一届贵州省旅游产业发展大会在遵义仁怀市茅台镇举办，提出大力发展全域旅游，强力推进旅游供给侧结构性改革，坚持山地旅游战略定位，大力培育“山地公园省·多彩贵州风”旅游品牌，推动旅游业实现井喷式增长，将贵州建设成为世界知名山地旅游目的地和山地旅游大省。

典型做法

◎ 科学做好顶层设计

科学定位：遵义市委、市政府建设赤水河谷旅游公路的目标为：打造一条“贵州第一，中国一流，世界知名”的千亿级文化旅游生态产业带，在交通与产业集合、交通与扶贫结合以及交通供需改革中进行了系列大胆探索。通过赤水河谷旅游样板公路的建设，整体拉动区域经济社会发展，带动更多的人从事旅游服务业，延伸旅游产业链，让旅游产业带动区域经济社会快速发展，让旅游业惠及更多的群众，让赤水河谷旅游公路成为一条带动人民群众增收致富的小康路。

规划先行：合理利用现行规范，创新建设模式，促进多产融合，实现区域统筹、项目统筹、资源统筹、资金统筹以及扶贫开发和生态文明建设等多方位统筹，通过市级企业平台有效整合赤水河谷旅游公路沿线三县（市）既有及待开发的旅游资源，并采取“先策划、再规划、后开发”的顺序，避免同质化

赤水河谷山地自行车道

无序竞争，确保了沿线旅游资源开发的品质。

◎ 做实“交通+”复合功能

赤水河谷旅游公路是游客前往景区的旅游路，更是带动沿线经济发展的产业路、生态路、景观路、小康路。综合考虑沿线旅游、城镇化、农业、工业，从交通着手，以路为媒，通过建设一条集交通、旅游、体验等于一体的旅游公路，加快推进周边景区景点建设和环境整治，融合地方特色文化，以实现“路、景、产”三位一体的建设目标，加速实现产业转型升级、提质增效。

赤水河谷旅游公路包含160公里红色沥青铺成的山地自行车道和154公里黑色沥青铺成的汽车道，全线共设置12个驿站、26个露营地、23个观景台和休憩点、2000余辆山地自行车及39个智慧取车点，公路主体、慢行系统、服务设施、解说系统、景观文化五项建设内容齐头并进，实现了交通功能的多样化，满足了游客徒步、骑行、驾车等多层次的出行需求，形成“快进慢游”的旅游格局，让游客进得来、留得下、玩得久。

◎ 坚持绿色发展道路

坚守发展和生态两条底线，以“绿色”作为旅游公路的“底色”，践行“绿色发展”的理念。为更好地保护沿线生态环境、文物古迹，营造良好的观景效果，赤水河谷旅游公路在国内首次采用景观设计布景随路线勘察先期介入的模式，风景园林专业人员全程参与选线、工程设计和建设过程管理，景观专业与公路工程专业的混合团队搭建，极大助力了工程设计在安全规范、经济可行、生态低碳和景观营造等诸多要素中间获得最佳平衡，保证旅游公路融入自然景观，成为河谷风景中与赤水河并驾齐驱的全新景观元素。

按照省“四河四带”和“生态文明示范区”建设要求，始终坚持合理利用标准、有效融合原貌，将旅游公路沿线的既有景观进行全面提升，沿线涉及风景区、名胜古迹时采取保护性施工；注重设计改线避让古迹遗址，文物部门挖掘抢救保护沿线文物，搭建展棚合理利用文物元素；道路红线范围内原有的植被和景观资源被最大限度地保护和利用；慢行系统在猴子岩为自行车道单独修建桥梁，以减少对环境的影响。

◎ 突出全域文化体验

赤水河谷旅游公路不是一条单纯的自行车道及汽车道，更是一条文化体验道。赤水河谷旅游公路串联了四渡赤水纪念馆、千年古镇——土城古镇、明清建筑与历史的活化石——丙安古镇、美酒河、国酒博物馆等众多文化胜地，这里茅台、习酒、郎酒等为代表的众多名酒品牌享誉全球，可以体验长征文化经典、“十八帮文化”、“千年军商古城堡”，感受深厚的国酒文化。文化元素贯穿于赤水河谷旅游公路工程设计全过程，通过服务设施、解说系统、景观设计展现文化，通过文化提升景观内涵，营造了一个景观和文化相互彰显的生态环境，提高旅游的愉悦感和层次感。如：旅游公路慢行系统（骑行道路）全线均为红色塑胶地面，设有红军露营地，代表着红色长征文化；沙滩服务站的建筑采用坡屋顶，装饰以金属茅草、原生石材、木材和竹子等地域特色地材为主；元厚驿站主体采用竹子作为建筑的装饰材料，充分体现赤水的竹文化；淋滩驿站的建筑充分保留了原有村落的特点，展现了一种淳朴、原始的美。

亮点成效

◎ 创新路，打造国字号旅游新名片

以赤水河谷旅游公路通车运营为契机，遵义交旅投集团下属遵义文旅集团成立赤水河谷旅游度假区运营管理有限公司，在已有丰富旅游资源的基础上，打造多样产品形态，在度假区内增设了房车露营、低空飞行等新型旅游项目，配套建成了集智慧管理、智慧营销、智慧服务于一体的赤水河谷智慧旅游综合服务平台；同时，开启全新的合作模式，与旅游企业、旅行机构等共同探索营销模式，不但开拓市场。2018 年初，遵义市赤水河谷旅游度假区成功创建贵州首个国家级旅游度假区，成为多彩贵州一张新的“旅游名片”。

◎ 旅游路，树立“交通 + 生态旅游”新样板

作为国家全域旅游示范区，遵义市通过建设赤水河谷旅游公路，树立了“交通 + 生态旅游”新样板，打破了“景点旅游

模式”，将赤水河沿岸的红色文化、国酒文化、盐运文化、古镇文化、考古文化及世界自然遗产等串联起来，举办了多项赛事活动，实现了公路交通基础设施从单纯满足出行功能向交通、生态、文化传播、旅游、消费等复合功能的转变，形成了集休闲、健身、养身、体验等于一体的全域旅游产业带，成为遵义全域旅游产业发展的重要载体和全国样本。

◎ 经济路，激活脱贫攻坚“新引擎”

借道赤水河谷旅游公路，仁怀、习水、赤水 3 地大力推进美丽乡村建设。赤水河谷旅游公路的建设，也点燃了老区群众干事创业的激情，成为老区群众脱贫攻坚的“新引擎”。沿线居民的思想观念因路而变，从旁观者、局外人变成了项目建设参与者、受益者，打破了以往“基础设施围绕景区转、发展成果与群众无关”的格局，如今的旅游公路沿线，农家乐、乡村旅社、土特产品销售点、自行车租赁点等如雨后春笋般出现，成为美丽新风景。

专家点评

· 唐承财 ·

贵州赤水河谷旅游公路是全国第一条河谷旅游公路、第一条服务完善的快慢综合交通旅游廊道，是贵州省“公路 + 生态旅游”建设模式的新尝试，是实现公路交通基础设施从单纯满足出行功能向交通、生态、文化传播、旅游、消费等复合功能转变的新途径，也是普通国省干线“畅、安、舒、美”示范路的升级版。该旅游公路通过科学定位，规划先行，做好顶层设计；做实“交通 +”复合功能，实现了交通功能的多样化；坚守发展和生态两条底线，以“绿色”作为旅游公路的“底色”，践行绿色发展理念；突出全域文化体验，将文化元素贯穿于赤水河谷旅游公路工程设计全过程。通过多方努力，形成了 3 条改革开放的新路子，即：创新路，打造国字号旅游新名片；旅游路，树立“交通 + 生态旅游”新样板；经济路，激活脱贫攻坚“新引擎”。

低碳旅游发展的新答卷

——福建厦门海空自行车道

在厦门这种美丽而舒适的滨海城市来一场骑行，是一种新潮而惬意的旅游方式。空中自行车道没有行人和电动车的纷扰，游客可以尽情享受骑行的乐趣，领略城市上空的无限风光；海上自行车道则赋予游客骑行于海中央的别样体验，在海风吹拂中肆意骑行，宛若被大海托在掌心。

厦门首个空中自行车道，起点 BRT（快速公交系统）洪文站，终点 BRT 县后站，全长约 7.6 公里。这是全国首条、世界最长的空中自行车道。空中自行车道定位为“自行车专属”，并与沿线重要交通站点互通。厦门海上自行车道位于厦门集美杏林湾岸线，全程长 2.6 公里，是以生态运动为主题的滨水休闲带。环杏林湾自行车道是三大功能区的绿色纽带，突出低碳、环保、休闲、怀旧元素，被称为“最乐活”的自行车绿道。厦门海空自行车道在建设中创造性地运用了多个国内和行业内领先的技术、工艺，最终呈现出一个“颜值高、质量硬、功能优”的公共产品。

厦门海空自行车道契合了当下低碳生活、绿色出行的生活和城市管理理念，是不断提升市民群众的获得感和舒适度的最新尝试，也可能在未来成为其他城市和地区旅游发展效仿的新模板。

发展基础

◎ 符合绿色发展的大局观

自行车骑行是一种全民健身的方式。目前骑行爱好者的数量已经具备较大的规模。自行车道的建设能够满足人们低碳、快捷的出行要求，是城市让生活更美好的具体体现，也逐渐成为塑造城市形象、展示城市活力、吸引旅游者关注、满足居民需求的重要手段。通过建设海空自行车道，不仅有助于转变居民出行观念和习惯，吸引居民中长距离出行，提高自行车出行比例，适度缓解轨道建设期间所带来的交通压力。同时有助于完善自行车交通系统，打造骑行文化、发展绿色健康出行，这符合“美丽厦门”战略规划的发展目标和国家“绿色交通”的发展理念，也有利于构建生态、绿色低碳城市。

◎ 配合城市规划的大建设

随着社会经济的发展，城市化水平以及人们生活水平的提高，居民的弹性出行总量及占整个出行的比重都保持着持续增长，但厦门市的土地资源非常有限，无法带动城市人口规模和用地规模的扩张。很早厦门就完成了自行车和步行系统布局规划，2012 年完成了《厦门市绿道与慢行系统总体规划》。厦门市目前已建成的城区内自行车道总长度约为 100 公里，覆盖率为 14.3%，并于 2017 年建设了全国首条、世界最长的 7.6 公里空中自行车道。建成并投入使用的空中快速自行车道可以进一步完善自行车交通系统，同时也能丰富大众的出行体验。现在厦门的公共交通系统则由地面公交、BRT、地铁，与自行车道系统共同构成立体交通系统。

◎ 融合共享经济的大趋势

在“智能+”的时代背景下，共享单车是解决“最后一公里”城市问题的策略。自共享单车进入中国市场以来，各家共享单车公司都在不断地增加其在城市中的单车投入量，来占据市场份额。但大多数城市的自行车道是没有完全隔离的自行车道，或者自行车道并不完整。在之前自行车保有量少的情况下基本可以满足使用，但是面对数量庞大的共享单车时，自行车的行驶效率、安全性将会大大降低，是城市绿色出行的一大阻力。

厦门空中自行车道

典型做法

◎ 打造潮流新地标，展示城市新名片

厦门的空中自行车道沿一条繁忙的BRT线徐徐展开，在这条道路上有13个交换区可以连接到其他公共交通系统，其中的11个交换区与BRT运行线路站点相连，剩下的两个交换区与地铁系统相连，整条车道在BRT车道旁边，横跨3个金融中心和5个城市住宅区，为市民上下班提供了方便。同时沿线集成了天桥、坡道、环岛、自行车停车处、自行车服务亭和观光点等。环杏林湾自行车道，全长约26公里，从集杏海堤出发，沿途经过园博苑、中航城、集美新城核心区、杏林湾商务营运中心、中科院，最后到达省水上运动中心。沿杏林湾布有不间断的步行道、自行车道、游客休息区，配套以景观小品、运动设施及服务站点，景观设计融入闽南、学村和滨海风格。厦门作为一个知名的旅游城市，城市慢行交通系统的景观形态不仅展现着所在地的文化特征，还从视觉上影响着人们对一个国家、地域、城市的文化认识。同时海空自行车道的建设也能满足居民休闲游憩的娱乐需求，连接城市的公园、景点、文化休闲场所。

◎ 科技赋能新发展，主客共享新时代

一直以来，厦门城市空间都呈现出一种十分紧凑的局面。共享单车自2016年12月进入厦门以来，其投放量在一年内就已突破25万辆，适当缓解了交通压力。通过科技赋能，用户可以实现随地取、随地停、随地骑。这种自由性，大大增加了骑行者的使用便利度，用户可以不用管自行车的停车位置和行

驶路径。在别的城市，大量的共享单车出现在人行道和机动车道上。而这种自由所带来的一些弊端需要解决，因此厦门市的海空自行车道的建设很好地解决了这一问题。同时，共享单车由于其全民共享的特点，解决了只有当地居民使用自行车道的问题。所以其美观性和独特性不仅仅吸引着人们的骑行，也间接展现着一个城市的风貌。不同的城市有不同的文化底蕴和生态格局，厦门市将自行车道的设计与当地的生态格局相结合，在自行车道的设计中加入了一些城市的特色元素，让游客骑行中感受到了厦门市的文化特色与精神面貌。

◎ 创新管理新视角，公共交通新体系

为避免公共资源的浪费和促进共享单车的合理投放，厦门市采用了基于出行半径和城市主要交通发生点，共享单车与城市公共交通实现接驳一体化的分级式网络体系。政府部门首先通过对市民骑行数据的分析，得出共享单车使用的时空分布规律，并与城市交通客流分布、城市道路流量进行对比分析。为

水上自行车道

了保障自行车路权，打造安全骑行环境，厦门市建设了人车分离、便捷通畅的自行车道系统和交通信号灯系统，保障自行车出行路权，提升自行车道的服务水平和安全骑行环境。同时根据实际情况，对自行车等级进行了划分，不同等级的自行车道选择不同类型的自行车道设计方案，形成等级、功能分明的自行车道路网体系，确保了骑行网络的连续度和便捷性。其中，依托金尚路、云顶北路、金山路、莲前西路—湖滨南路等城市主干道和次干道，自行车道基本上串联了城市重点服务片区和公园绿地。此外，空中自行车道沿线护栏还安装了 3 万多盏照明灯，充分保证了夜间照明。

亮点成效

◎ 形成示范作用，赋能宜居城市

一方面，完善了公共交通体系，优化了交通格局。厦门市海空自行车道项目建成后，通过合理交通布局，实现自行车交通网络与对外公交枢纽的紧密结合，形成步行、骑行、车行多线并行的道路交通网络，完善公共交通服务体系，有效缓解了城市交通压力。厦门市海空自行车道是一条具有独立路权的自行车高速路，是一种对出行理念引导的全新尝试，它最大限度避免机动车和行人的干扰，提供快速、安全、舒适的骑行环境，实现中长距离（5 公里）通勤功能的自行车专用道。该项目的实施承担了示范先行作用，为后续厦门市或其他城市的自行车高速路骨干网成型起指导作用。另一方面，该项目还荣获 2019 年丹麦设计“宜居城市”奖，评委会认为它“对城市环境和生态都具有正面影响”。

◎ **展现城市活力，实现主客共享**

厦门海空自行车道的建设，是通过自行车运动将骑行精神融入城市文化中，提升城市文化品位和综合竞争力，构建和谐幸福的城市文化氛围。旅游业是区域形象的窗口。厦门市将休闲旅游项目、自行车游骑道与城市生活融合，在不割裂城市景观和形态的基础上，推动了户外体验和健康休闲活动的发展，鼓励和引导人民参与以步行和自行车为主的短距离出行，倡导了健康、绿色、环保的生活方式，有效提升和展现了城市活力。另外，厦门市海空自行车道以自然环境和地域文化为基础，将沿线分散的资源和景点串联起来，成为一个整体的线性景区和旅游品牌，实现了道路的交通、景观、游憩和保护功能的有机结合。

◎ **推动产业发展，带动地方增收**

海空自行车道的建设成为厦门市休闲旅游开发的重要组成部分和突破口。该项目的建成直接带来旅游收入的同时，推动了厦门市休闲旅游开发更好更快地发展。除了带动厦门市旅游产业的经济，还显著改善了厦门市旅游产品组合，吸引旅游市场为厦门市食、住、行、游、购、娱等直接经济部门带来了营业收入，同时拉动了金融、通信、安全、卫生、医疗等相关服务部门生产与服务，增加了地方经济收入。

晚霞中的厦门海上自行车道

专家点评

· 唐承财 ·

厦门海空自行车道是全国首条、世界最长的空中自行车道，是以生态运动为主题的滨水休闲带。她认真践行了绿色发展理念、融合了共享经济发展理念，突出低碳、环保、休闲、怀旧元素，被称为“最乐活”的自行车绿道。通过打造潮流新地标，展示城市新名片；创新管理新视角，建设了人车分离、便捷通畅的自行车道系统和交通信号灯系统，建立了公共交通新体系；完善了公共交通体系，优化了交通格局，赋能宜居城市，具有很强的示范作用，荣获 2019 年丹麦设计“宜居城市”奖。特别是，将休闲旅游项目、自行车游骑道与城市生活融合，倡导了健康、绿色、环保的生活方式，实现主客共享，有效提升和展现了城市活力。无疑，海空自行车道的建设推动了厦门市休闲旅游高质量发展，同时拉动了相关服务部门生产与服务，增加了地方经济收入。

魅力湖湘夜游的新范本

——湖南长沙五一商圈

长沙，是一座拥有悠久历史的城市，也是一座充满年轻活力的城市。湘江中央，橘子洲静静眺望着两岸烟火；岳麓山下，爱晚亭默默守护着如画般美景。而近年来，长沙则以繁华的夜生活而频频出圈——流光溢彩，灯火辉煌，车水马龙，熙熙攘攘，正是长沙“不夜城”的真实写照。

五一商圈处于长沙市中心，汇聚了长沙百分之六十的历史文化景点，是千年的商业中心，是长沙城市空间序列中的重要组成部分，也是长沙市消费人流量最多的商业区。该区域的购物业、餐饮业、服务业水平居市内相关行业的前列，商业网点的密度在全市也首屈一指，拥有完善且多样的消费空间。为加快业态升级，五一商圈深化线上线下融合发展，构建体验式智慧商圈，各类消费空间或并置或穿插，为五一商圈的网红流量与夜经济的火爆奠定了基础。

2022 年暑假，网红长沙热度与气温同升，长沙旅游的话题频频登上网络“热搜”，五一商圈夜市每晚人流量最高突破 60 万人次，网红餐饮店日均排队五千桌。“夜经济”的发展

长沙五一商圈黄兴路步行街

让五一商圈的旅游新业态不断焕发新光彩，也为各地夜游经济的发展提供了新的范本。

发展基础

◎ 交通条件优越

五一商圈位于长沙东西向最重要的城市主干道五一大道上，是长沙最早两条地铁线路 1 号线、2 号线的换乘站。并且靠近火车站，毗邻众多旅游景点，附近有五一广场站、牛耳教育、五一广场北站等公交站，其中五一广场是城市公交的大型换乘枢纽站，经停五一广场地区的公交站点线路有几十条。拥有湖南首个中心交通枢纽级地铁商业——国金街地下通道。这条长沙城区中心枢纽主动脉人行过街通道拥有 13 个出入口，北侧无缝链接五一广场地铁一、二号线换乘站，南侧连通黄兴路步行街，其中 8 号、9 号、10 号三个出入口为 24 小时地下过街通道，市民与游客可以通过这三个过街通道通过解放西路至司门口。东侧与九龙仓负一、二楼无缝链接，西侧与王府井负一楼无缝链接。繁密便利的道路网络，每日可通行数以万计的市民游客，支撑起五一商圈的繁华。

◎ 商业格局完整

五一商圈作为长沙市的商业核心，各大企业和知名品牌汇集于此，形成了购物、餐饮、休闲消费于一体的格局。其空间形态是完全开放的，在不断的演变过程中，形成符合人们生活方式的商业中心。6000 余家商业品牌汇集于此，年消费额逾千亿，包含着长沙市早期的商业综合体——春天百货、平和堂、

7up 和王府井等，也包含近年来新晋的网红地标商圈和城市巨构——IFS 国金中心，以及 20 多条商业步行街——地上黄兴路步行街、地下国金街、太平街文化历史街、坡子街美食文化商业街、解放西路酒吧一条街等。甚至还有熙攘的路边经济和热闹的街头表演。完备的各类休闲娱乐场所和配套服务设施，使五一商圈成为一个集购物、休闲、娱乐、办公等于一体的大型商业中心。

◎ 政府政策支持

近年来，长沙高度重视“夜经济”发展，出台了《长沙市人民政府办公厅关于加快推进夜间经济发展的实施意见》，提出打造“24 小时城市”目标。从天心区在黄兴南路步行街中心广场成立湖南省首家夜间经济服务中心，到芙蓉区挂牌成立长沙国金中心楼宇服务站，长沙致力于打造“最安全”的夜间消费环境，保障文旅夜间经济发展。2020 年，长沙市出台《关于有效降低疫情影响促进商贸流通产业稳定持续发展的政策措施》，提出鼓励发展夜间经济，培育夜经济示范区，创建一批夜经济门店、夜经济特色网红打卡点，打造夜间消费场景。2021 年《长沙市“十四五”现代服务业发展规划（2021—2025 年）》提出，依托五一商圈等核心商圈，招引集聚一批国内外知名品牌，打造高端、新型时尚消费场景，加快长沙夜经济消费供给提质升级。2022 年 2 月，印发《关于创建国际消费中心城市的实施意见》，提出推进以五一广场为核心的千亿级商圈建设，推进“商业 + 旅游 + 文化 + 科技”深度融合，将其升级打造成为长沙的国际城市会客厅。

典型做法

◎ 产销共促，激发文旅消费

通过各种消费节等促销活动，激发消费欲望，促进文旅经济。2020 年 7 月长沙市人民政府举办首届“夜星城”消费节活动，通过一系列促消费主题活动，提供吃、住、行、游、购、娱于一体的消费新场景，引导本地市民和外地游客来长消费。在这次活动中，长沙历时 95 天，共组织主题活动 295 场次，各级政府投入超 1 亿元，直接参与商家近 1.3 万家，商场客流量 1.38 亿人次，营业总额达 279.7 元，同比增长 20.45%。2022 年举办“湖南人游长沙”系列主题促销活动，激发湖南省内重要客源城市来长沙旅游消费的潜力，带起省内游热潮。2022 年暑期推出“周游三湘·嗨玩长沙”暑期文旅消费季活动，通过举办街舞大赛、潮流电音、文艺书画等文艺活动，吸引年轻游客前往旅游消费。

◎ 安全优先，保障游客权益

长沙市政府特别注重游客安全与权益保障问题。2019 年天心区成立湖南省首家夜间经济服务中心，全力打造“最安全”的夜间消费环境，保障文旅夜间经济发展。通过环卫、城管、公安、交警、卫健委等部门联动合作，在交通组织、城市管理、业态发展、设施配套等方面全方位提供便利服务，形成“守护解放西、护航夜间经济”的特色和亮点。坡子街派出所成为县域警务“天心样本”，致力打造“安全、便捷、暖心、开放、网红”的天心区。并且出台《服务夜间经济十二条》《天心区市场监管局促进夜间经济发展十条》《天心区文旅体育服务夜

长沙五一商圈超级文和友

间经济发展措施》等专项政策，完善夜间经济食品安全、治安和消防安全等配套管理措施，严格监督检查，为夜间消费和夜间经济发展提供安全制度保障，加强安保维稳工作。

◎ 氛围营造，打造不夜星城

一个多元的夜经济消费市场，不但要有烟火气，更要有文化味。长沙人爱吃爱娱乐，享受生活，一直以来长沙都被称为夜晚“最会玩”的城市。目前，长沙夜经济形态大多为餐饮、购物、夜游等传统形式，在各大商圈周边出现的新潮夜市，已有包含演艺等富有文化元素的内容初露头角，除了传统的KTV、酒吧，更多的24小时不打烊的商业业态出现在长沙街头。长沙还创新性地推出街头艺人“持证上岗”模式，推行“四容许”“五统一”夜市管理模式，带动商家入市、群众逛市。与此同时，长沙还坚持雅俗共赏的发展理念，既坚持把有品位、高档次的文化景区工程打造成新的文化亮点，又注重发掘街头巷尾具有代表意义的老字号、新网红，满足了大众口味。例如，被称为长沙的美食地标、餐饮界的“司马迁”的超级文和友通过对消费场景的打造，汇聚了各地经典小吃，再加上复古的装修，通过餐饮加文创的形式吸引了大量年轻人。

亮点成效

◎ 凸显优势，实现突破成长

五一商圈在疫情之下，犹如掌握了流量密码，砥砺前行，实现了跨越式发展，并且斩获多项国家级荣誉。《中国城市夜经济影响力报告》显示，“2021 年中国城市夜经济影响力十强城市”中，长沙排名全国第二。其中，长沙市天心区从 60 个入围区县中脱颖而出，获得第一的优异成绩。黄兴路获评 2021CNEF 夜间消费“夜莺奖”，太平街获评国家级旅游休闲街区，五一商圈成为首批国家级夜间文化和旅游消费集聚区。五一商圈作为长沙夜间经济发展的前沿阵地，不仅获得了“长沙夜间经济消费示范区”“十大文旅消费示范区”等一批荣誉称号，也得到了国内众多媒体及游客的高度评价。

◎ 充满活力，培育年轻个性

长沙是一座有活力有创造力的城市，五一商圈更是通过建生态、搭场景、降成本、优服务等构建高质量发展的新消费产业体系，用年轻、活力、富有创造力的新消费品牌实力圈粉“Z 世代”（新时代人群），引领新消费潮流。《2022 年火炉城市外卖消费趋势》显示，长沙五一商圈入选火炉城市躺吃前

10位。“躺吃旅行”成为高温天气下的解锁城市美食的新方式。再热的天气也阻挡不了旅行的脚步，在五一商圈，Z世代以独特个性的方式引领旅行新风尚。除此之外，“半个朋友圈的人都在长沙，半个长沙的人都在五一”“半个娱乐圈都在长沙”的词条火爆网络，酒吧、夜市等传统业态持续发力，夜妆师、直播、剧本杀、密室逃脱、livehouse（音乐展演空间）、迷你歌咏亭等新业态、新玩法在这片沃土里成长绽放，以年轻的活力彰显长沙的“夜”精彩。

◎ 品牌建设，带动经济发展

天心区不仅是“网红”企业的聚集区，更是一座娱乐消费的“不夜”城。五一商圈共有20多条商业街，包含文和友、茶颜悦色、墨茉点心局等一大批网红品牌，密室逃脱馆、足浴馆、酒吧、KTV等休闲娱乐场所，构成了完整的吃、喝、玩、乐、购产业链。同时，长沙通过打造“夜经济”旅游品牌，利用数字多媒体等宣传手段，通过互联网等平台大力宣传以长沙“夜市”文化为特色的主题旅游项目，利用现在炙手可热的抖音APP作为宣传媒介，以短视频的形式为全世界的抖音用户展示长沙“夜市文化”的视觉盛宴，使长沙成为一座真正的“网红”城市。长沙五一商圈也以其网红属性，在大众旅游背景下成为一颗长亮星，为长沙经济发展注入蓬勃动力。

长沙五一商圈美食城

专家点评

· 粟路军 ·

近年来，蓬勃发展的夜间经济，既折射出广大人民群众日益增长的美好生活需要，也是我国经济广阔市场空间和潜力的重要体现。五一商圈作为长沙市的商业核心，在长沙市政府的政策支持下，积极培育复合型消费新业态，通过各种夜间节事促销活动，激发消费欲望，促进文旅经济发展；成立湖南省首家夜间经济服务中心，致力打造“最安全”的夜间消费环境；注重“餐饮＋文创”夜间消费新业态，发掘具有代表意义的老字号、新网红，满足大众口味。通过建生态、搭场景、降成本、优服务等举措构建了夜间经济高质量发展的新消费产业体系，用年轻、活力、富有创造力的新消费品牌，引领夜间经济消费潮流。五一商圈聚焦旅游新业态，释放夜间经济新活力，实现了长沙市夜间经济跨越式发展，助力长沙市夜间经济成功跻身全国顶流。

特色品牌营销的新思路

——湖南天门山极限运动

张家界以鬼斧神工的自然造化闻名于世，天门山景区更是张家界旅游资源中的明珠。天门山古称嵩梁山，是一座四周绝壁的台形孤山，保存着完整的原始次森林，其间古树参天，藤蔓缠绕，青苔遍布，石笋、石芽举步皆是，处处如天成的盆景，被世人誉为“湘西第一神山”和世界最美的空中花园、天界仙境。

2011 年 9 月，美国人杰布·科利斯翼装飞行成功穿越天门洞，引起轰动，很多人由此知道了这一惊险而神奇的小众极限运动。极限运动代表人的勇气与创造力，与天门山“传奇”的定位不谋而合。因此，天门山每年都会举办各类适合自身条件的极限挑战活动和赛事，天门市极限运动也逐渐成了张家界旅游的热点。

而极限运动与赛事活动也成为天门山的一种宣传载体，在展现运动独特魅力的同时，也呈现和传播了张家界的绝美风景和风土人情，天门山渐渐被人们视为世界级的极限运动圣地。

天门山旅游热度经久不衰，主要归功于精准的营销策略，在景区内密集上演的各类极限运动与各样赛事活动，让越来越多的人在提到这些赛事时，会条件反射般地想起天门山。创新的营销方式让传奇的天门山享誉国际，也为全国各地旅游营销的新方式提供了重要参照。

发展基础

◎ 旅游资源独特

从自然旅游资源来看，天门山山体雄伟，极具观赏价值。山体南北两翼形成万丈绝壁，方圆几十公里。西部是七星山，因断层峡谷切断了它们的联系，形成了两山对峙。天文气象景

天门山盘山公路

观富于变化，尤以“天门日出”“古寺夕照”而著名，气象景观以雾和雪最为壮观。天门山宗教文化源远流长，是道教和佛教的合流之地，战国时就有隐士在山上炼丹，天门寺则始建于唐代，占地八亩，坐北朝南，自建寺以来香火鼎盛，朝山拜佛者达四周边郡十余县，是湘西的佛教中心。相传，神农氏、雨师赤松子、纵横家鼻祖鬼谷子均曾在天门山修行隐居，让天门山充满了一种天宫帝阁的神秘感。

◎ 地理位置优越

天门山巍然耸立于张家界市区沿澧水河谷平川的南岸，距张家界森林公园 27 公里，距市中心仅 8 公里；天门山索道下站距离张家界火车站 1.5 公里、距离张家界高铁站 9 公里，距离荷花机场仅 5 公里，地理位置和交通都极具优势。客源条件上，张家界旅游发展势头强劲，拥有超大数量的客流，为天门山旅游发展提供了足够的分流游客。同时，天门山的宗教文化资源吸引了众多香客上山朝觐，这一优势不仅带动外地游客，还可以带动本地市民休闲消费。

◎ 投资条件良好

2002 年，天津宁发集团全面注资控股天门山旅游股份有限公司，天门山高水准大手笔的开发建设全面启动，天门山的历史掀开新的一页。宁发集团围绕品牌个性“刺激”实施企业资源整合，先后竣工天门山盘山公路、天门山观光索道。与此同时，天门山获得了各级政府的多方支持，大力修建城市基础设施，对通向城市外部的交通线路进行改扩建。在“穿越天门，飞向 21 世纪”的极限运动大赛后，2004 年 6 月中国成立了极限运动协会，建立了一套全方位的规范管理发展机制。而后，极限旅游市场逐步发展起来，形成了独特的“张家界现象”，塑造了个性鲜明的旅游目的地品牌。

典型做法

◎ 委托经营成就典范

自 1997 年起，天门山国家森林公园面对市场发展趋势，

天门山天梯与天门洞

创新思路，开始探索由政府控制向市场化转变，实行委托经营管理模式。其中，政府主管部门行使管理权，委托企业行使经营权，是以政府主导与民营资本相结合的经营管理模式，这种模式使得政府与社会主体能够建立起“利益共享、风险共担、全程合作”的共同体关系，政府的财政负担减轻，社会主体的投资风险减小，从而促进景区的可持续发展。天门山山势高绝险峻，且没有任何基础设施，建设开发需要投入的资金十分巨大，2001 年 8 月永定区人民政府与天津市宁发集团签订为期 50 年的《天门山国家森林公园委托开发经营合同》，投入巨资建成了世界惊艳的盘山公路和亚洲最长的高山观光索道。2005 年天门山景区正式开业运行，至 2007 年天门山景区游客承受量就达至顶峰。随后天门山扩充了景区的环境容量，并增添了一些更具特色的项目和交通设施，造就了巧夺天工的人文景观。最著名的当属 99 道弯的通天大道、被众多媒体誉为“东方天空之路”的玻璃栈道和悬空在峭壁上的鬼谷栈道。之后，又聘请梅帅元大手笔策划创作了《天门狐仙》实景演出等。自 2008 年开始，天门山形成“天门洞开”“天缆神游”“天路九曲”“天悬栈道”“天门狐仙”等“天文化”，天门山已成为张家界旅游发展的新亮点和旅游资源的新王牌。2015 年天门山景区获评中国旅游投资业最高荣誉“艾蒂亚奖”——“中国最佳旅游投资效益奖”。2019 年再次获得“艾蒂亚奖”——“中国最佳旅游运营机构奖”，天门山旅游股份有限公司董事张同生入围“终身成就奖”。

◎ 特色营销笑傲江湖

1999 年，借助叶文智策划的“99 世界特技飞行大奖赛”

极大地提升了天门洞的知名度，并为天门山开始利用自身奇险的自然景观资源开展极限活动提供了新思路。但一直以来，外界只知天门洞，而不知天门山。经过大手笔的开发建设，天门山成为一个有丰富景观内容和体验内容的综合性大型景区，天门山索道作为世界最长的单线循环式高山客运索道，给天门山景区带来了一波巨大的流量。这十多年来，天门山一直坚持系统谋划、大手笔投入、突出创意、广泛覆盖的品牌营销策略，不遗余力地提升天门山的影响力和市场认知度。“美丽张家界的新传奇”作为天门山发展初期几年的产品形象定位，并持续几年以此为主题推出了一系列事件营销活动，使得天门山很快建立起清晰的品牌形象，品牌知名度和市场认知度迅速提升。后来天门山景区又成功运作了一系列影响全国的经典案例：如俄罗斯空军“勇士”飞行表演队炫技天门山、法国蜘蛛人徒手攀爬天门洞、赛买提凌空走钢丝、天门山冰冻活人挑战、长板速降挑战天路、高跟鞋走扁带高空对决、花式足球挑战天梯、天门山世界翼装飞行大赛、天梯速降赛等大型极限挑战活动，这些特色营销活动吸引了大批国内外主流媒体的广泛关注和报道，天门山创新营销及传播效果持续成为行业学习的榜样，年接待游客人次突破 400 万，为天门山打造全世界有影响的极限运动旅游目的地奠定了基础。

◎ 独特品质助力“张家界”

景区的资源品质和开发建设的投资规模已使得天门山成为张家界代表性的旅游景区之一。天门山和武陵源作为张家界品牌概念的组成部分，担负着带动张家界旅游经济整体快速发展的重任，是张家界市场客源的主要拉动力量，也是游客重游张家界的主要选择和核心吸引产品。一直以来，张家界的核心吸引力就是山水资源，从资源条件来看，天门山与武陵源具有很强的资源互补性。天门山作为张家界文化内容最为丰富的景区，也是自然风景与人文内涵结合程度最高的景区，它的建设开发不仅丰富了张家界山水旅游品牌内容，同时也为张家界增添了山水与人文相结合的旅游产品，完善了张家界旅游产品结构。天门山景区通过玻璃栈道、穿山自动扶梯等特色营销、夜间“天门狐仙”的实景演艺提升了张家界的旅游吸引力，提高了游客的人均消费额度，延长了游客在张家界的停留天数，提高了重游率，提升了中高端消费能力的游客数量，并带动了城市经济的全面发展，撑起了张家界旅游的半壁江山。

亮点成效

◎ 做活了张家界的全域旅游

天门山通过配合张家界景区“一核四极多点”的总体空间格局，重点发展了精品观光、休闲度假、康体养生、低空飞行、人文体验等旅游产品，创新文化旅游休闲业态，提升康体养生度假功能，辐射带动了张家界南部旅游发展。随着天门山开发建设的不断完善和市场影响力的进一步提升，天门山不仅成为本市旅游经济发展的新增长极，也是构成张家界品牌核心吸引力的重要部分。经过这些年的发展，天门山和武陵源一起成为张家界市场客源的主要拉动力量，更是众多来过张家界旅游游客重游张家界的主要原因。“武陵源——天门山”也成为张家界旅游资源总体规划的双核心，并成为张家界旅游展翅高飞的双发动机。

◎ 实现了旅游兴区的发展战略

现阶段，天门山已是永定区的旅游产业龙头，成为张家界旅游的王牌产品，带动了永定区的经济社会发展。天门山旅游景区不断持续增长的游客，为周边村民的就业创业提供了有效途径，衍生出了周边经济产业链，住宿、餐饮、购物、娱乐等关联性产业迎来了蓬勃发展，极大地带动了旅游消费。同时，大旅游带动大产业的态势正逐渐形成,永定区大踏步走上了“文化旅游特色经济强区”的建设步伐。

◎ 成为可借鉴的成功典范

天门山有效、系统、全方位的宣传营销是天门山景区成功的关键要素，也是其他景区可借鉴的做法。自开业以来，天门山旅游股份有限公司在事件营销方面已累计投入资金超过 2 亿元。天门山因先进的营销理念、准确的形象定位、优秀的形象策划包装能力、不断创新出奇的活动，成为全国旅游景区中市场营销工作的佼佼者，成为外地很多景区研究和模仿的标杆。天门山旅游股份有限公司在品牌形象塑造、品牌宣传、市场渠道的推广开拓等方面确定了清晰准确的战略规划，制订了详细的实施计划，尤其是对各方面、各环节的操作细节高度重视，最后全力落地实施。成功的形象宣传不仅使得天门山客流不断增长，也对张家界旅游形象的整体宣传和市场吸引力的提升起到了明显作用。

天梯速降赛的比赛选手

专家点评

· 粟路军 ·

大众旅游时代到来催生个性化旅游方式，极限旅游就是其中之一。天门山景区敏锐抓住极限旅游发展的趋势，锐意革新，创新营销，通过策划和举办大量全球知名的极限运动赛事，为天门山打造全世界有影响的极限运动旅游目的地奠定了基础。在体制机制革新方面，天门山景区创新思路，较早实行委托经营管理模式，迅速成为张家界旅游发展新亮点和旅游资源新王牌。系统营销是天门山景区极限旅游个性品牌塑造的内生动力，天门山景区凭借先进的营销理念、准确的形象定位、优秀的形象策划包装能力、不断创新出奇的赛事活动，成为全国极限旅游景区中市场营销工作的佼佼者和国内众多景区研究和模仿的标杆。

全民共享旅游的新实践

——湖南莽山全程无障碍旅游

在南岭山脉的万壑千岩中，有一座峰峦叠翠、风光秀丽的绿色宝库，正是湖南莽山国家森林公园。山高石怪，林幽峰奇，造就了这里众多壮丽秀美的景观；冬无严寒、夏无酷暑，使之被誉为“湖南的西双版纳”和“南国天然树木园”。近年来，莽山五指峰景区发扬全民共享精神，大力发展无障碍旅游，创造了良好的经济效益与社会效益。

莽山位于湖南省宜章县，总面积近30万亩。2017年，宜章县与中景信旅游投资开发集团有限公司共同投资30亿元，以无障碍旅游为主题，匠心打造莽山五指峰新景区，已完成投资10.84亿元，景区于2019年10月正式对外开放。自此，莽山踏上了以旅游转型升级为代表的“第三次创业”的新征程。自新冠肺炎疫情暴发以来，大部分旅游景区备受影响，亏损严重，而莽山却凭借发展无障碍旅游实现了旅游人数及收入逆增长。2020年，莽山游客接待量首次突破百万人次，不仅创造了当年落地、16个月建成的“莽山速度”，而且开创了全年旅游无淡季的“莽山现象”。2020年11月被湖南省文化和旅

莽山景色

游厅评为“省级旅游度假区”，在2020国际山地旅游联盟年会上，莽山五指峰景区被评为“最佳山地旅游目的地”国际大奖。

发展基础

◎ 区位条件独特

莽山位于湖南省郴州市宜章县南部，背倚三湘大地，面向粤港澳大湾区，与江西赣州、广东韶关相毗邻，是“湖南省的南大门”，“粤港澳后花园”。莽山外部交通方式选择多样，距郴州市北湖机场86公里；距武广高铁郴州西站85公里；距宜连高速黄沙出入口22公里。主要依托S215（黄莽公路）对外连接，交通便利，可通达性较强。

◎ 生态资源优越

莽山生态环境良好，景区内保存有世界同纬度较完好的原始森林，森林覆盖率高达99.6%，活立木蓄量168万立方米，是湖南省面积最大的森林公园。莽山拥有南岭山脉唯一花岗岩地质山体，有“中国南方动植物基因库”“天然动植物博物馆”“湖南的西双版纳”等美称。公园有维管束植物219科、929属、2659种，占湖南科数的88.3%，属数的74.1%，拥有国家重点野生植物21种，国家重点保护野生动物33种，1990年被发现的巨型毒蛇——莽山烙铁头蛇，堪称一代“国宝”。

◎ 旅游资源丰富

莽山旅游资源富集。景区拥有“奇松、怪石、云海、雾凇、杜鹃、温泉”等高品质旅游资源。景区内旅游配套设施齐全，拥有世界最先进的控制系统，现已开发建成将军寨、天台山、猴王寨、五指峰等景区，莽山自然博物馆和莽山珠江源漂流等多个景点。莽山人文旅游资源丰富，作为瑶族聚居地，拥有盘王节、赛鼓、瑶族药浴文化、瑶药等瑶乡民俗，民族风情绚丽多姿。

典型做法

◎ 共享发展，实现全民旅游无障碍

大投入实现全员共享。坚持高标准、大投入、抢进度、保质量，建设游步道 8 公里、索道 3.7 公里，安装垂直电梯 2 台、提升机 7 台等辅助设施系统，确保人类全生命周期均能实现无障碍旅游。

高科技实现服务共享。将人文关怀理念贯穿于景区开发建设的所有环节、管理服务的所有细节。在轮椅行驶不便处，采用了户外斜挂式轮椅提升机和垂直轮椅提升机以及爬楼机代步，保障无障碍通行。开发宜章旅游 APP 智慧旅游系统，实现一部手机游莽山。

◎ 创新理念，实现全域开发无障碍

政企合作共推市场。充分发挥莽山优质的旅游资源及中景信先进的开发理念，推行政企股份合作开发经营模式，实现政府引导、市场运作，真正形成了共同推动莽山旅游开发的强大合力。

创新体验塑造品牌。紧紧把握旅游市场规律，通过无障碍设施建设、无障碍环境打造、无障碍管理创新，树立无障碍核心品牌，实现传统型爬山涉水的“苦游模式”到走山看水的“乐

莽山高空栈道

游模式”再到游山玩水的“无障碍畅游模式”转变。

◎ 协调联动，实现全景观光无障碍

统筹协调景区布局。景区内部通过悬空索道、游步道、垂直电梯等无障碍设施，串联所有旅游资源与产品，景区外部连接一六温泉小镇、腊元古村等，共同建设国家级旅游度假区，打造大莽山综合性旅游目的地。

统筹协调旅游线路。在充分市场调研的前提下，以产品为主体，科学编制旅游线路，对内形成了“莽山五指峰一日游、大莽山二日游”等线路，对外依托大交通条件形成了“莽山—汝城沙洲—东江湖山水游、莽山—南岳—韶山生态文化游”等线路，共享旅游市场，互送旅游客源，打造粤港澳大湾区和省内重要自驾游目的地。

◎ 绿色导向，实现全程保护无障碍

注重生态化建设。在规划设计中，严格规避具有森林生态保护价值的区域，尽可能选择对生态环境、生态景观破坏较少的线路。在游客中心、停车场、缆车基站等规划选址时，充分利用荒地、滩涂等。目前，整个景区基本看不到对生态环境的影响。2019 年，莽山生态保护工作被国家林业和草原局评为全国生态建设突出贡献奖。

◎ 开放共赢，实现全面合作无障碍

推进开放招商。按照“实力、诚信、经典范例、专业团队”四要素，扎实开展精准招商。2016 年下半年，宜章县委、县政府先后与 10 余家战略投资商进行接洽商谈，在实地考察、反复论证、充分沟通的基础上，选择与中景信集团进行合作开发，双方于 2017 年 1 月签订战略投资合作协议。

打造开放交通。为破解莽山旅游发展的外部交通瓶颈，宜章县委、县政府积极吸引民间资本参与交通基础设施建设，先后投入 6.2 亿元，建成黄莽公路和洞仰公路 2 条二级公路，极大地改善了景区与京港澳高速、厦蓉高速、岳临高速的交通连接，将景区与市县城区的时间距离缩减至 1 ~ 1.5 小时，与广州、长沙等主要旅游客源地的行车时间压缩为 3 ~ 5 小时。

实施开放营销。围绕“国家森林公园”“国家 4A 级景区”“全国首家无障碍山岳型旅游景区”等旅游品牌，以及“蛇博士”“莽山烙铁头”“无障碍”等特色形象，全方位开展营销宣传活动，策划实施湖南国际旅游文化节、首届中国山岳旅游大会、“莽山红”莽山森林交响音乐会等节会，进一步提升莽山旅游的知名度与美誉度。

亮点成效

◎ 新发展理念贯彻全面

无障碍旅游是无障碍环境建设的重要内容。当前中国已进入老龄化社会，有 2.5 亿 60 岁以上的老龄人，预计到 2050 年，我国老年人口将达到 4.87 亿。有钱有闲并且有强烈出游意愿

的老年人，已经成为目前旅游市场中最具潜力的目标人群。再加上 8500 万残疾人群体，他们对旅游服务有着刚性需求。在莽山五指峰开发建设中，县委、县政府和中景信集团始终坚持把无障碍旅游作为核心指导思想，努力打造全域、全时、全景、全家型的无障碍旅游景区，不断满足包括老弱病残幼在内的所有群体日益增长的旅游服务需要。自无障碍系统启用以来，莽山已累计接待残疾人 5.2 万人次，其中重度肢残人士 9000 余人次，60 岁以上老年人 11.8 万人次，已满足了许多残疾人、老年人饱览祖国大好河山的宿愿，填补了残障旅游市场的空缺，实现“坐游莽山、轻松出行”。

◎ 高品质建设落到实处

为在莽山高山峡谷打造一条全程无障碍游览系统，政企双方经过多方调研、巨额投入，以超前的设计理念和独特的匠心打造，建成全国单线最长的悬空索道、全国海拔最高的森林观光垂直电梯、全国最高最长最平最美的悬空游步道等，让游客通过一索飞渡、云端栈道、森林观光垂直电梯等，欣赏到莽山奇美雾凇、壮观云海、雄奇险峰、高山杜鹃等美景。

◎ 特色化服务带旺人气

莽山五指峰景区的对外开放，定位面向所有游客，特别是对行动不便的游客产生了巨大的吸引力，有效激发了包括老弱病残幼在内人群的旅游热情，已成为湖南承接粤港澳大湾区游客的桥头堡。2020 年面对新冠肺炎疫情影响，莽山旅游逆势上扬，游客接待量首次突破百万人次，实现门票收入突破 5000 万元，带动旅游相关产业综合收入近 6 亿元，分别同比增长 186.9%、300%。

◎ 人性化设计成为示范

莽山无障碍旅游景区的打造，是全球山岳型景区开发建设的大胆探索，激起了无障碍旅游建设的大讨论，引领了全国山岳景区无障碍建设新潮流。2020 年 10 月 10 日，中国肢残人协会组织专家组对景区进行检查验收时，一致认为：“这样大规模的山岳型景区无障碍建设在国内外没有先例，莽山五指峰景区无障碍建设方面的探索对其他山岳景区无障碍建设与改造具有重要的借鉴指导意义。”

◎ 品牌化建设影响深远

莽山五指峰景区凭借优美风光、丰富动植物资源、独到旅游项目以及“无障碍山岳”的贴心设计成功塑造了旅游品牌，获得业内外一致好评。2020 年，以无障碍山岳旅游发展为主题的首届中国山岳旅游大会暨全国山岳景区无障碍旅游示范推广现场会在莽山举行，中国旅游景区协会、中国肢残人协会分别授予莽山五指峰景区“全国首家无障碍山岳型景区”称号。同年 11 月，在 2020 国际山地旅游联盟年会上，莽山五指峰景区获得首次评选的“最佳山地旅游目的地”国际大奖。最近，莽山正扎实开展莽山国家 5A 级旅游景区、国家全域旅游示范区、全国无障碍生态旅游示范基地三大创建活动，加强莽山文旅品牌塑造。

专家点评

· 粟路军 ·

近年来国内无障碍旅游的基础配套设施、服务都有了较大进展，无障碍旅游已由不可能变为可能。在莽山五指峰景区之前，我国乃至全球鲜有山岳景区无障碍旅游的成功案例可以借鉴。无障碍生态旅游建设，是旅游业高质量发展的需求，也是社会文明进步的标志。全程无障碍游莽山，看似小事，背后彰显的是人本的回归，是湖南旅游业高质量发展“成色”更足的体现。莽山五指峰景区将人文关怀理念贯穿于景区开发建设的所有环节、管理服务的所有细节，高度注重生态化建设，完整、准确地践行了“绿水青山就是金山银山”的发展理念，走出了一条无障碍生态旅游、共享旅游、人本旅游融合发展之路，为山岳景区无障碍生态旅游打造了一个“样板”，也是湖南优化旅游服务质量和产品、推动旅游业高质量发展的创新举措。

文化产业和旅游产业密不可分，
要坚持以文塑旅、以旅彰文，
推动文化和旅游融合发展，
让人们在领略自然之美中感悟文化之美、
陶冶心灵之美。

——习近平

04

互融互促 发展共赢

- 探索精神共鸣的沉浸体验
  ——江苏《只有爱·戏剧幻城》
- 打造文艺融合的旅游名片
  ——山东青岛旅游新名牌
- 开拓节庆文化的融合模式
  ——江西宜春月亮文化旅游节
- 实现文体康旅的高度融合
  ——河北京张体育文化旅游休闲带
- 呈现穿越千年的文旅盛宴
  ——江西南昌汉代海昏侯国考古遗址公园
- 走出关城融合的发展模式
  ——河北山海关
- 体旅融合发展的全新方向
  ——云南迪庆户外运动

探索精神共鸣的沉浸体验

——江苏《只有爱 · 戏剧幻城》

在江苏盐城大丰荷兰花海景区内，矗立着一座造型奇特、充满浪漫风情的剧场，那正是《只有爱 · 戏剧幻城》沉浸式戏剧全景体验区。导演王潮歌如此描述她的诞生：“在荷兰花海，在阳光、在缤纷、在花香、在飞扬，在有可能抵达的爱境，我们建造起一座‘只有爱’的戏剧幻城，一切均以爱为名义。”

2020 年 6 月 15 日，大型沉浸式体验戏剧《只有爱 · 戏剧幻城》在江苏盐城荷兰花海旅游度假区进行全球云首演，这场演出成功吸引了 610 万人在线打卡花海美景，体验“只有爱”的戏剧艺术。作为一部沉浸式实景体验戏剧，该剧的创作从“戏剧 +”的总构想出发，突破传统剧场的空间边界，将人世间不可或缺的爱情和花海巧妙融合，以戏剧为本体，以爱情为母题，筑造出一个精神世界，尝试在感同身受的基础上与观众探讨生命要义。大丰荷兰花海深入践行“两海两绿”高质量发展新路径，从理念走向行动，坚持旅游跃升发展，推动文旅融合发展。

《只有爱 · 戏剧幻城》是长三角首个沉浸式戏剧全景体验区，诠释了全域旅游的新内涵，填补了江苏省大型文旅项目的空白，成为长三角地区独具特色的文化新地标。

发展基础

◎ 区位优势明显

盐城市位于江苏沿海中部、长三角城市群北翼，是江苏省面积最大、全国唯一以盐命名的地级市。近年来，盐城交通基础设施不断完善，形成了立体化、现代化的交通运输体系，打通了旅游产业发展“大动脉”，缩短了与长三角、京津冀等重要城市群之间的距离，为文旅融合发展提供了便利的交通条件，拓宽了文化旅游市场的空间。

◎ 旅游资源丰富

盐城市拥有亚洲大陆边缘最大的海岸型滩涂湿地和江苏省三分之二海岸线，被称为“东方湿地之都”。该市兼具海洋、

大丰荷兰花海

湿地、森林三大生态系统，拥有长三角最大的绿肺、最好的空气、最多的珍稀鸟类。截至2021年年底，盐城拥有国家5A级景区1家，4A级景区18家、省级旅游度假区6家、省五星级乡村旅游区4家，省级旅游度假区、省五星级乡村旅游区数量位列全省第二。

位于盐城市大丰区的荷兰花海被誉为“中国郁金香第一花海”，是盐城旅游市场声名鹊起的新版图。景区依托田园、河网、湖泊等生态景观，融入木屋、风车、花海等元素，打造出梦幻浪漫的花海国度，成为华东地区面积最大婚纱摄影基地。《只有爱·戏剧幻城》就诞生于此。这座戏剧幻城不是一座传统的主题乐园，它被定义为“剧场聚落群”，“如月”“如心”“如花”“如歌”“如故”和“如意”六个主题剧场分散坐落在3000亩的荷兰花海中，每天有超过50场戏剧同时上演，全剧累计演出时长8.5小时。

◎ 文化类型多样

盐城悠久的历史孕育出深厚的文化底蕴，海盐文化、红色文化、湿地生态文化、海洋文化和传统文化为当地文旅融合发展提供着有力支撑。20世纪初，在南黄海西岸江苏中部500里滩涂上，以近代民族轻工业奠基者、南通人张謇为首，发起振兴中国棉纺织业的废灶兴垦运动，应张謇邀请，荷兰青年特莱克带着当时最先进的水利测量设备来到黄海之滨，昼夜奋战，为这片土地献出了青春和生命。盐城人民为了纪念特莱克，将滩涂改造的万亩棉田称为“荷兰花海”。一百年后，盐城人又从荷兰引进万紫千红的郁金香，并在另一位荷兰人尼可及其团队的技术支持下，实现了郁金香培育的本土化和规模化，情深意长的江苏人，也将“情动江苏 · 杰出国际友人”的荣誉赠予尼可，续写着年年岁岁、花开不败的传奇。

◎ 利好政策加持

为加快文旅融合发展的步伐，盐城市不断加强顶层设计，将文旅融合发展提升到战略层面，纳入城市发展的规划。《盐城市“十三五”旅游业发展规划》明确提出要创新“旅游 + 文化”的发展新模式。2019 年，盐城市委、市政府专门召开旅发大会，强调要着力培育新型旅游业态，促进旅游与文化、体育、工业、农业等领域深度融合，构建全域旅游发展新格局。2020 年，江苏省文旅厅出台《关于应对新冠肺炎疫情影响促进文旅产业平稳健康发展的若干措施》，鼓励各地开发旅游演艺项目，因地制宜规划建设一批小剧场，推出一批微型精品演艺产品，丰富游客文化体验，延伸文旅产业链。支持文旅融合发展成为当地国民经济社会发展规划的重要内容。

典型做法

◎ 文化为魂，打造精神共鸣产品

一座陌生的城市在视觉味觉上带给游客的感触的时效总是短暂的，但它依靠文化精神力量去敲击旅游者心灵所产生的声音却是振聋发聩的。王潮歌导演认为精神产品的诞生是一个依足寻履的过程：创作者一定持有某种情怀，将文化资源当作素材，借助艺术表现手法展示它们，同时表达自己对世界的思考。《只有爱 · 戏剧幻城》阐述了爱情与社会道德的关系，虽然有矛盾冲突，但最终归结为责任和担当，在社会责任感和主题导向上起到表率示范作用。《只有爱·戏剧幻城》与传统意义上的戏剧演出不同，这里更强调精神世界的体验，而非只是身体体验，当观众因爱而来时就已经成为这个戏剧的一部分，是被糅进他们故事里的经历者，与剧中人拥有相同的情感。

◎ 创新为要，建设文旅消费新场

《只有爱·戏剧幻城》在花海间搭建了一座气韵生动、声势不凡的人间幻城。这座幻城占地面积近3000亩，舞美设计跨越百年，500多名演职人员倾力加盟。大体量、大规模、大格局、大手笔的制作让游客从踏入花海的那一刻起，就置身于这座源于真实又高于真实的“幻城”。观众会被引导着走到舞台边，近距离感受舞台空间随剧情不断升降变换，行走在不同的观演空间，感受不同的戏剧故事和人生体验。来自不同空间

只有爱·戏剧幻城航拍

的人物，会与观众随机互动，会把观众带入他们的故事，一起感受。而在剧场外的花海实景地，也会有故事等待观众去探访和融入，在时空穿梭中去感受“爱”。

◎ **跨界为法，雕琢旅游演艺精品**

对于《只有爱·戏剧幻城》的进驻，江苏省文旅厅尤为重视，通过组织江苏和全国戏剧界专家现场观摩讨论，及时收集公演后公众的反馈建议，不断演出、不断打磨、不断修改，实现了从沉浸式欣赏到体验式互动的突破，将《只有爱·戏剧幻城》提升为全国有影响的文化旅游精品示范项目。

◎ **营销为手，扩大双线融合效应**

新冠肺炎疫情的暴发，对人们的消费心理和消费习惯产生了不可忽视的影响，江苏省文旅厅充分利用传统宣传平台和互联网平台，运用现代信息技术，加大宣传推广力度，全方位展示盐城文旅产业的新形象。政府部门和创作团队借助全媒体矩阵传播的力量，《只有爱·戏剧幻城》以直播方式进行云首演，汪涵、周深、刘同等明星艺人现场助阵，央视新闻、央视频、新浪微博、抖音、网易云音乐、LOOK直播六大平台实时同步直播，在线观看人数高达610万人，微博阅读量超过5亿，堪称线上原创作品中当之无愧的“戏剧之王”。

◎ **项目为王，构筑文旅融合标杆**

盐城市积极落实文旅融合发展战略，以项目建设为载体，以特色文化活动为抓手，加快文旅融合步伐。各县市区积极利用比较优势，主动抢抓机遇，举办各类特色文旅活动，如大丰区荷兰花海郁金香大学生音乐节、《范公梦梅》大型舞台剧、“宋朝故事”互动体验等，有力推动了全市文旅融合进程。

亮点成效

◎ 产业规模不断扩大

为发挥资源禀赋和特色优势，盐城积极推动文旅产业发展，按照“一廊一核三区四带”的发展思路布局全域旅游，“探秘自然遗产、解码古老串场、戏水湖荡湿地、寻踪黄河故道、传承红色基因”5条旅游经济带建设全面起势，19家旅游园区整合提升有序推进、蓄势待发，全域发展格局逐步形成。2021年，全市共接待游客2672.27万人次，同比增长11.1%，总量全省第六，全年组织实施5000万元以上重点文旅项目70个，累计完成投资131.79亿元，年度投资完成率101.07%，项目开工率100%。

◎ 旅游基础日臻完善

盐城市美丽乡村旅游公路三年行动现已圆满完成，1518公里美丽乡村公路串珠成链，配套实施旅游服务驿站36座、节点小品59个，基本实现对外与干线路网的无缝对接、对内与重点景区的紧密联系。高铁旅游集散中心建成开放，“落地自驾”项目投入运营，全市重点景区旅游直通车正式开通。围绕19家重点旅游园区资源布局，盐城建设了一批高标准特色酒店、精品民宿，全年累计新增旅游酒店床位4000余张，旅游住宿接待能力明显提升。此外，“盐城智慧文旅”平台正式启用，加快整合全市100余家景点景区和文博场馆、900余家酒店、140余家旅行社资源，覆盖旅游消费全流程，并综合运用大数据采集分析技术，为全域旅游管理、营销和服务提供数据支撑和智慧支撑。

◎ 旅游产品创响品牌

按照“区域联动、行业联合、企业联手、媒体联姻、信息联通”的全域旅游营销策略，盐城市成功举办全国“文化和自然遗产日”主题活动、水韵江苏文旅消费推广季等高层次文旅活动，推出“花开盐城”“约定盐城探世遗”等系列主题活动，旅游品牌影响力与日俱增。2020年以来，盐城科学统筹疫情防控和旅游事业发展，精心打造的东台西溪景区《天仙缘》、大丰荷兰花海景区《只有爱·戏剧幻城》、亭湖大洋湾景区《盐渎往事》等众多经典故事和地方特色演艺节目成为省内旅游的吸睛产品，旅游景区跻身网红打卡旺地。

◎ 文旅融合齐头并进

文化是旅游的灵魂，旅游是文化的载体。在“以文塑旅、以旅彰文”思路指导下，盐城文旅融合工作日新月异，用文化的理念发展旅游，用旅游的载体传播文化，高质量做好文化和旅游“融合”文章。盐城瞄准长三角地区市场需求，举办文旅产业项目招商推介会、文创企业家座谈会，开展“高铁沿线城市家家到”等系列活动，开展专题招商推介，不断扩大盐城文旅影响力。

大丰荷兰花海

专家点评

·张朝枝·

江苏以戏剧幻城为突破，通过系列经典创意的文化产品来创新旅游产品形式，形成新的旅游吸引物和新的旅游商业业态，从而盘活旅游市场。《只有爱·戏剧幻城》通过挖掘爱情、社会道德、社会责任感的文化内涵，用创新的手法，在花海间搭建了一座声势不凡的人世幻城，引导游客行走在不同的观演空间，剧中人物与观众随机触发互动的不同寻常的戏剧演出，游客沉浸于精神世界的体验，获得美的享受，成就文旅融合中旅游演艺的精品。本案例在产品研发创新上具有启示意义，但学习与模仿的关键是如何将文化展示形式与文化内涵相结合，形成有真正市场吸引力并能形成商业模式的产品。

打造文艺融合的旅游名片

——山东青岛旅游新名牌

山东半岛东南、黄海之滨，矗立着一座风景秀丽的城市。赤礁、细浪、彩帆、金沙装点她美丽的衣裙；历史、宗教、民俗和节日赋予她丰富的文化内涵。她就是国家历史文化名城青岛。近年来，青岛基于啤酒、电影等文化资源，积极丰富旅游业态，全力打造文艺旅游新品牌。

青岛，别称岛城、琴岛、胶澳，地处华东地区，是山东省经济中心、国家重要的现代海洋产业发展先行区、东北亚国际航运枢纽、海上体育运动基地、“一带一路”新亚欧大陆桥经济走廊主要节点城市和海上合作战略支点。全市下辖 7 个区、代管 3 个县级市，陆地区域总面积为 1.13 万平方千米，海域面积约 1.22 万平方千米，总人口为 1007 万人。青岛，气候宜人，海洋资源丰富，影视文化和啤酒文化突出，为中国道教发祥地之一，是 2008 年北京奥运会和第 13 届残奥会帆船比赛举办地，被誉为中国帆船之都、亚洲最佳航海城、世界啤酒之城、联合国“电影之都”、“东方瑞士”等。

文旅融合的纵深推进，助力青岛不断延展旅游体验内涵，

青岛啤酒博物馆

以个性化产品创造出新的市场增量。青岛依托自身丰富的人文资源不断开发旅游产品，为各类景区注入人文元素，着力打造城市的文化和旅游新名牌。

发展基础

◎ 区位条件

青岛是一座沿海港口城市，是“一带一路”双节点城市，是黄河流域最大最快捷的出海口岸。地理位置得天独厚，与世界 130 多个国家和地区的 450 多个港口有贸易往来，港口吞吐量跻身全球前十位。胶东国际机场于 2020 年建成，拥有国内航线客运138条，国际（地区）客运航线5条，其中有青岛至韩国仁川、韩国群山、日本下关三条国际定期航线，对内对外交通运输条件优厚。

◎ **文化特色**

青岛有两种泡沫令人着迷，一种是大海的泡沫，一种是啤酒的泡沫，青岛独特的啤酒文化享有盛名，于2021年被授予“中国啤酒之都 · 青岛”的称号。青岛也被誉为是“天然影棚”，拥有中国现存最早的电影院，是中国第一个、世界第九个联合国教科文组织创意城市网络“电影之都”。作为奥运会帆船比赛举办地，海上运动在此也具有独特魅力，现已建成奥帆海洋文化旅游区。

◎ **旅游资源**

作为滨海度假旅游城市，海洋资源是青岛的最大优势，拥有1.2万平方公里海域、817公里海岸线和120个海岛，海洋旅游发展空间广阔。同时，青岛也是国家历史文化名城、重点历史风貌保护城市，有国家重点文物保护单位34处，在山东省近300处优秀历史建筑中，青岛占131处；青岛历史风貌保护区内有重点名人故居85处，已列入保护目录26处。另有崂山风景名胜区和青岛海滨风景区两处国家级风景名胜区。

◎ **政策机遇**

由青岛市文化和旅游局、青岛市财政局牵头制定的《关于促进文化产业和旅游业高质量发展的实施意见》《关于促进文化产业和旅游业高质量发展的若干措施》，为青岛市旅游品质提升给予了政策支持和发展意见。山东省第四届旅发大会将于2023年在青岛市召开，政府搭好台，市场唱主角，该大会势必将为青岛旅游业发展带来新的飞跃。

◎ 资金优势

文旅金融支持力度大，覆盖广。对拟上市的青岛文化和旅游企业，根据企业上市进程分阶段给予补助，累计补助金额最高400万元；对新入选国家级、省级文化产业示范园区（基地）的，分别一次性给予200万元、50万元奖励；对新评定的5A级、4A级景区，分别一次性给予1000万元、200万元奖励。2022年山东省旅发大会上，12个文旅重点项目签约，计划总投资469亿元；“百亿惠千企”金融支持文化和旅游行业发展专项行动启动，金融支持文旅产业高质量发展联动机制建立。

典型做法

◎ 整合资源，打造品牌

一是建设艺术影视之都，打造艺术影视特色品牌。青岛有着“音乐之岛”“天然影棚”的美誉，通过举办音乐会来提升全民音乐素养，通过音乐交流带动旅游、文化的国际交流，通过打造23条“一街一特色”“一街一模式”的酒吧街来建设城市文化新地标，通过支持高校成立相关影视学院及科研机构来培育输送影视产业各层级人才，通过举办国内外影视活动来提高青岛在全球影视行业的知名度。

二是做强啤酒之都，打造啤酒特色品牌。青岛国际啤酒节至今已成功举办31届，以啤酒节为文化沟通的桥梁，走进国内外各大城市；通过啤酒博物馆带动啤酒文创发展，展示百年啤酒文化，保护工业遗产，弘扬工业文明；更与潮流品牌进行跨界合作。

三是创建博物馆之城，打造博物馆特色品牌。青岛博物馆的总数已达 108 家，形成了海洋文化、历史建筑、乡村记忆、工业遗产四大主题特色的博物馆群。不断促进博物馆量增质优，加大博物馆公共文化服务力度，紧紧围绕“博物馆之城”建设，通过制定发展政策、打造精品展览、开展社教活动、深挖红色文化等一系列“组合拳”，推动全市博物馆不断扩容、提质增效。

四是推动青少年文化交流，打造海洋研学旅游特色品牌。青岛向海而生，因海而兴，充分发挥海洋优势，深度挖掘海洋旅游资源和城市海洋文化基因，持续打造一批主题鲜明、丰富多元、核心吸引力强的海洋特色研学旅游基地和精品课程，持续开展青少年交流活动，不断加强与东亚文化之都城市文化交流。

◎ 区域合作，强强联合

鼓励支持重点景区强强联合创建高水平旅游景区。随着全域旅游、全域统筹工作的推进，兼具山海风光、历史文化、艺术美学、温泉康养、海岛休闲、海洋研学等多主题的综合性旅游区域为人们的滨海度假带来丰富感受。以 5A 级景区为龙头，联合周边创建高水平旅游区，如：奥帆海洋文化旅游区包含有青岛奥林匹克帆船中心、青岛海底世界，集休闲、体育、会展、研学于一体；中国旅游集团港中旅（青岛）海泉湾度假区联合即墨天泰山艺术小镇，创建集海洋、休闲、康养于一体的高水平旅游景区；青岛国际啤酒城联合周边海岸区域，创建“欢乐啤酒海岸”为主题的高水平旅游景区。

青岛奥林匹克帆船中心

◎ 市场引领，丰富业态

着力塑造具有国际知名度和美誉度的“海上画廊”旅游品牌。突出打造邮轮旅游、海上观光、海岛度假、温泉疗养、海洋演艺、海洋研学等海洋旅游系列产品，形成海洋婚恋特色产业链，推动海洋观光旅游向文化体验、度假旅游转变，建设国际旅游度假目的地。丰富海上旅游业态，着力发展海上钓鱼游、海上运动游、海岛体验游、海上科普游等海上旅游产品，形成门类齐全、业态丰富的海上旅游网络。

◎ 以节带会，优化名片

立足山东优势、青岛特色，唱响“好客山东”口号，通过举办国际性大会，树立城市形象，优化城市名片。上合国家旅游城市推介会、中国—巴基斯坦双向旅游推介会、“来自大海的邀约——黄河流域万里行”、国际戏剧学院奖、东北亚国际邮轮峰会、青岛影视博览会、海洋婚恋文化周、“国际友人@Qingdao”等168项文旅活动，有效提升了青岛旅游吸引力和城市形象，也将为“好客山东”带来可持续的影响力。

亮点成效

◎ 文旅惠民消费促进引领新示范

连续四年以市办实事形式开展文旅消费促进活动，累计发放消费补贴1.25亿元，惠及群众近800万人次，直接拉动文旅消费5.2亿元，青岛市获首批“国家文化和旅游消费示范城市”荣誉称号。2022年，青岛市获评国务院首批文化产业和旅游产业领域激励城市。即墨古城获评第一批国家级夜间文化和旅游消费集聚区；青岛市西海岸新区、市南区分别入选第一批省级文化和旅游消费示范、试点县（市、区）。

◎ 文旅融合创新业态成为新动能

积极推进多业融合发展，创新打造“海洋研学旅游首选目的地”，组织举办中国（青岛）研学旅游创新发展大会等，青岛市研学旅游体系获第四届山东省文化创新奖。培育打造1处国家健康旅游示范基地、1处国家体育旅游示范基地，省级以上康养旅游、中医药旅游、工业旅游等文旅新业态示范基地数量位居全省首位，青岛市市南区获评首批山东省文旅康养强县。2021年规模以上文化及相关产业中文化新业态特征较为明显的16个行业小类实现营业收入135.9亿元，同比增长32.4%。

◎ 文旅项目招大引强实现新突破

紧盯全球500强、中国500强等文旅头部企业和龙头项目，加大精准对接招引力度，持续推进全市重点文旅项目100余个，

总投资额超过 2500 亿元。其中，投资 50 亿元的地中海俱乐部高端度假酒店项目已奠基开工，投资 18 亿元的东方伊甸园生态主题公园项目核心场馆已实现钢结构合龙，投资 19 亿元的西海艺术湾项目主体场馆——西海美术馆已投入运营，投资 30 亿元的阿朵花屿一期已对外营业并成为新晋网红打卡地。

◎ 聚力“电影之都”打造新平台

先后举办上合组织国家电影节、中国电影表演艺术学会颁奖典礼、青岛影视博览会、全国院线国产影片推介会等重大影视节会活动。推出国内首个影视后期制作奖项——“金海鸥”奖。落地全国首个中国广电 · 青岛 5G 高新视频实验园区，共签约影视项目 100 余个，总投资 325 亿元。发布《青岛市推动影视业高质量发展若干政策》，对来青摄制的优秀影视项目，最高给予 500 万元摄制奖励；对“青岛出品”的电影项目，给予最高 500 万元票房收入奖励。在青拍摄的《流浪地球 2》《送你一朵小红花》《温暖的味道》等影视剧目近百部，电影《铁道英雄》成为“山东出品”首部票房过亿影片。

◎ 打造“博物馆之城”建设新地标

全市博物馆达到 108 家，总量位居山东省第一，列副省级城市第三位，在全国排名第五。94 家博物馆实现免费开放，占全市博物馆总量的 87%。2021 年全市各类博物馆共举办陈列展览 278 项，开展社教活动 1552 次，海军博物馆“向海图强——人民海军历史基本陈列”获评全国博物馆十大陈列展览精品奖。国家海洋考古博物馆落户青岛，项目建成后将成为全国海洋旅游新地标。

专家点评

· 张朝枝 ·

在新旅游消费时代，巧妙地利用节庆活动、文化创意活动能够比较有效地改善目的地形象，提升旅游产品品质，丰富游客体验。青岛充分发挥自身资源优势，深挖城市艺术特质、音乐资源、建筑特色、啤酒文化、海洋文化、博物馆等文化价值，深入推进景城融合、文旅融合、业态融合打造城市品牌，注重将文化旅游产品与旅游节庆相结合，与文化营销相结合，较好地实现了旅游产品质量提升与旅游目的地形象塑造，打造成音乐之岛、博物馆之城、电影之都、啤酒之都等品牌，成为城市文旅融合发展的典范。

开拓节庆文化的融合模式

——江西宜春月亮文化旅游节

“海上生明月，天涯共此时”“人有悲欢离合，月有阴晴圆缺”……自古以来，月亮就寄托着中国人细腻丰富的情感，在中国历史文化和文学艺术中具有显赫的地位。江西省宜春市享有“月亮之都”的美称，依托丰富的月亮文化资源，宜春举办一年一度的月亮文化旅游节，取得了文旅融合的优秀成果。

月亮文化旅游节自2007年举办以来，凭借清晰的品牌定位和良好的品牌塑造，加之持续的营销推广，获得了一批稳定的消费客群，成为江西省十大节庆活动之一。近年来，宜春市加快文化旅游强市建设，文旅产品不断提质扩容，产业发展不断提档加速，文旅品牌不断提优升级。在宜春这座文化名城，“月亮文化”成为最灿烂的文化之一，宜春也因此获得了“最佳赏月地”“最佳休闲养生城市”“世界著名文化旅游城市”“旅游竞争力百强城市”“最佳旅游休闲胜地”“最具民俗文化特色旅游目的地”等多项荣誉。

月亮文化旅游节的举办，推动了宜春文旅消费市场快速复苏，促进文旅产业发展多元化，为文旅区域合作打造了全新样板。

发展基础

◎ 文化基础

宜春拥有非常丰富的月亮文化资源，不仅民间流传着很多关于月亮的神话、传说和故事，而且宜春人民自古以来都有崇月的习俗，像中秋拜月、“板凳龙”、放南瓜灯、放孔明灯。这些都为宜春打响月亮文化品牌、举办月亮文化旅游节打下了非常深厚的文化基础。

◎ 节庆载体

宜春城郊有座山，叫明月山。关于它的来历有三说：一是因物而名。史书记载：“山上有石，夜如月光。”“山称明月好，月照遍山明。欲上诸峰去，无妨夜半行。”二是因人而名。

宜春明月山雕塑

明月山下有个夏家村，村里有个姑娘叫夏云姑，小名“明月”，后成为宋孝宗赵昚的成恭夏皇后。村里人为了纪念她，就称此山为明月山。三是因传说而名。传说当年嫦娥为保护后羿的仙丹不被蓬蒙偷取，抱着仙丹跑到了明月山下，从明月山奔月而去。嫦娥在月宫中思念后羿和亲人而伤心落泪，“泪飞顿作倾盆雨，化作温泉流人间”，嫦娥的眼泪在明月山下形成富硒温汤。关于明月山来历的三种说法，都跟月亮结下不解之缘，为打造月亮文化旅游节提供了良好载体。

◎ 高位推动

2006 年，江西省省长到明月山视察，看到明月山的美景，听到有关月亮的传说，感慨万千，作出将明月山打造为旅游热点的指示，这给宜春打造月亮文化旅游节带来良好契机。在高位推动下，宜春决定把月亮文化旅游节办成城市的名片、招商的平台、企业的盛会、市民的节日，这对月亮文化旅游节的成功举办和持之以恒发挥了重要作用。

典型做法

◎ 文化为根，在传承发扬中创造经典

宜春挖掘、总结、提炼关于月亮文化的民俗节气，立志要创造自己的经典。将中秋拜月的民间习俗加以整理，力求体现神圣与和谐，通过不断规范程式、提升音乐品质、完善道具，每年都吸引了无数外地游客和本地市民前往观礼和参拜，中秋拜月不仅成为月亮文化旅游节的经典项目之一，更是国内乃至世界独一无二的经典民俗活动。火龙追月是展示宜春民俗风情

的民间传统节目，每年中秋之夜，宜春素有放南瓜灯、水龙灯、花篮灯等传统，通过整合提炼，打造了放荷花灯问月活动，成为市民和游客最喜爱的活动之一。中秋节放孔明灯梦月祈福活动也成为月亮文化节的亮丽风景。以文化为根基，从民俗中传承、于现代中发扬，宜春创造的中秋拜月、火龙追月、放荷花灯问月、放孔明灯梦月等民俗活动已经成为广受市民和游客喜爱、媒体争相关注报道的节庆经典，月亮文化节也随着经典节庆走进了千家万户。

◎ **创新为魂，在推陈出新中形成特色**

宜春始终坚持办节的主题核心理念不变，具体的活动内容紧密依托节庆的主题定位不断进行创新，从而塑造自身的良好形象并经久不衰，逐步发展成为品牌节庆活动。第二届的金婚庆典，中科院院士、中国月球探测工程首席科学家欧阳自远偕夫人向宜春市委、市政府赠送了中国首次探月工程拍摄的首幅月球图像，架设了连接“嫦娥工程”与月亮之都的桥梁，被境内外媒体称之为“嫦娥之父”来到“月亮之都”庆金婚。第四届的《走遍中国——走进月亮之都 · 宜春》系列节目，“月亮之都 · 宜春”品牌走向全国；第七届壮观的万人泡脚，被载入上海大世界基尼斯纪录；第九届的重头戏“千车自驾畅游明月山”，不仅打造了宜春明月山景区自驾游品牌，同时创上海大世界基尼斯纪录；第十二届“我在月亮之都 · 宜春”抖音短视频创意挑战赛，网红们向粉丝分享宜春旅游体验，推荐宜春美食、美景，特别是明月山的奔月滑索，网红们亲身体验的视频引起广大网友的热议。正是不断推出新的形式和内容，才促使月亮文化旅游节经久不衰，真正成为城市的名片和城市旅游的精品。

◎ **人气为要，在群众参与中催生活力**

月亮文化旅游节组委会十分注重凝聚人气，历来重视群众参与。每一届的月亮文化旅游节期间，均精心组织一系列群众喜闻乐见的文化体育活动，如第二届的全国农耕大赛、女红作品大奖赛，第四届明月照童心——月亮宝宝比拼大赛，第五届的“宜春禅宗巡旅”活动，第六届“宜工之夜”焰火晚会、“花好月圆”主题音乐会，第七届“万人泡脚”“万人跳月”、赶庙会、户外自驾自助体验游，第八届“泉月春晖——我给父母洗脚”，第九届“一年四季在宜春”——全市旅游景区免费一日游、“花前月下七夕相约”——相亲联谊会。正是大量当地以及来自国内外的游客的积极参与，才既渲染了宜春的节庆氛围，又提高了宜春的知名度和美誉度，还提高了月亮文化旅游节的经济效益和社会效益。

◎ **实效为上，在市场运作中激发动力**

前五届月亮文化旅游节，宜春采取了“政府主办、县市合力”的办节模式，确保了月亮文化旅游节的成功，也成功构建了月亮文化格局。随着月亮文化旅游节的推进和发展，为了更好地实现效益目标，2012年起，宜春果断将办节模式转换到“政府主导、企业参与、市场化运作”上来，通过创新策划旅游、文化、会展、比赛、演艺等多个系列活动，深入挖掘、有效整合、充分利用“月亮文化旅游节”这个金字招牌，吸引社会资本，扩大合作渠道，创新合作方式，充分激发企业参与办会的积极性，建立起多元化的节会融资渠道，实现了政府少花钱、企业多参与、群众得实惠的多方共赢。月亮文化在市场运作中大步走向市场，真正成为宜春崛起的软实力、经济发展的硬支撑。

◎ 品牌为先，在高端宣传中铸就声誉

月亮文化旅游节在举办之初，宜春以月亮之都为品牌，一方面进行注册和保护，对“月亮之都”“月亮之城”“中国月亮文化节”等系列品牌，包括对网络域名进行了注册，在法律上予以了固化；另一方面，借高端媒体树品牌，如借助中央电视台、人民网、新华网、湖南卫视等媒体及时播发月亮之都的动态新闻、适时播发宜春形象宣传片。借品牌栏目打造品牌，如2009年成功申办央视《中华情》栏目在宜春举办秋晚，2010年请央视《欢乐中国行》栏目到宜春演出、央视《科技博览》《绿色时空》《艺术人生》《走遍中国》等栏目组先后走进宜春。借名家名嘴说品牌，先后请中科院院士、“嫦娥工程”首席科学家欧阳自远来宜春探月，请著名学者于丹担纲策划月亮文化并到宜春说月，请著名旅游专家魏小安担任旅游顾问为宜春问月，中央电视台《中华情》栏目在宜春唱月，中国爱乐交响乐团到宜春奏月，全国模特新秀在宜春秀月。借民间口碑传品牌，通过15年的积淀，宜春市民运用和宣传月亮文化品牌的意识日渐浓厚，宜春街头如“月之恋”“月亮湾”等与月亮有关的招牌，已经成为一道亮丽风景。

◎ 团队为王，在百折不挠中凝聚力量

节庆活动的成功举办离不开政府的节庆管理和服务。为保证接待工作万无一失，组委会成立了会务接待部，根据“谁邀请、谁接待”的原则，详细制定了“一对一”接待方案，并针对不同的嘉宾制订出个性化接待方案，做到精心安排、周到服务，来时发送欢迎短信，其间发送各种活动安排短信，走时发送欢

航拍宜春袁山公园

送短信，让来宜参会的嘉宾宾至如归，对宜春的山水及人文纷纷点赞，宜春这座四季如春的城市在宾客心中留下了美好而深刻的印象。15 年来，正是全市相关部门和广大干部群众精诚团结、百折不挠，才确保了每届月亮文化旅游节的圆满成功。

亮点成效

◎ 打造了一个国内一流的旅游目的地

宜春以月亮文化旅游节为契机，不断挖掘、整合旅游资源，丰富旅游产品供给，促进旅游产品提质升级。宜春“中秋拜月”“火龙追月”等民俗成为江西非物质文化遗产，明月山景区创建为国家 5A 级景区，温汤镇创建为中国温泉之乡和世界温泉健康名镇，宜春禅都文化博览园创建为世界级禅宗文化窗口和国家 4A 级旅游景区。

◎ 推出了一张打动人心的城市名片

借助月亮文化旅游节，宜春得到了各方的高度关注，城市知名度和影响力显著增强。“月亮之都”成为宜春在中国城市群中的独特标识。随着月亮文化品牌的高位推进，宜春也因此获得了“最佳赏月地”“最佳休闲养生城市”“优秀旅游城市”“世界著名文化旅游城市”“旅游竞争力百强城市”“最佳旅游休闲胜地”“最具民俗文化特色旅游目的地”等多项荣誉。

◎ 形成了一种作用强劲的文化软实力

月亮文化旅游节的不断发展成熟，带来了文化产品，形成了文化产业，最终将宜春的文化资源、文化底蕴整合为现实的文化生产力、文化竞争力和文化影响力。从旅游的角度看，2007 年，宜春的旅游人次为 446 万，旅游综合收入 26 亿元，到 2020 年接待游客总人次已达 1.07 亿，旅游综合收入超过 1000 亿元。从宏观的角度看，近年来客商的频繁来访、专家的密集来宜、名人明星的青睐有加、高层媒体的重点关注等，都与我们的文化软实力密切相关；而宜春多张城市名片的连续获得，以锂电新能源为代表的产业的兴旺发达，都充分说明月亮文化正在形成文化软实力，对推动全市经济社会发展具有强劲的作用。

宜春夜晚的明月

专家点评

· 胡　兵 ·

"明月处处有，宜春月最明。"宜春坚持"政府主导、企业参与、市场化运作"的办节模式，挖掘、提炼月亮神话、传说和故事以及中秋拜月、"板凳龙"、放南瓜灯、放孔明灯等历史渊源、民俗形式和文化内涵，不断创新具有地域特色与传统格调的新时代节庆形式和内容，策划了旅游、文化、会展、比赛、演艺等多个系列活动。依托清晰的品牌定位和良好的品牌塑造，深入挖掘、有效整合、充分利用"月亮文化"内涵，以"月亮文化"为本衍生出"月之恋""月亮湾""月亮之都""月亮之城""月亮文化旅游节"等系列品牌，以产品创新、品牌建设和营销推广为驱动，以群众参与和资源整合为抓手，以完善的节庆管理和服务为保障，不断挖掘、整合旅游资源，丰富旅游产品供给，促进旅游产品提质升级，真正将月亮文化旅游节办成城市的名片、招商的平台、企业的盛会、市民的节日。

实现文体康旅的高度融合

——河北京张体育文化旅游休闲带

2022年2月20日晚，北京2022年冬奥会闭幕式完美结束。中国红与冰雪蓝交相辉映，中国用最真挚的情感，向世界人民传递“双奥之城”的温暖力量。一曲笙歌毕，千门灯火莹，双奥留下的遗产孕育着奥林匹克的希望和未来，也为体育旅游的建设提供了珍贵的资源。

回溯2020年，第五届河北省旅发大会在张家口举行，大会的目标就是打造好“京张体育文化旅游休闲带”，推动形成高质量发展的国际旅游目的地。京张体育文化旅游带是以北京市和张家口市奥运场馆所在区县为核心，以连接两地的高铁、高速沿线两侧区县为重要组成部分的区域，总面积2.48万平方公里，辐射北京市和张家口市全域范围。为持续释放冬奥效应，积极探索体育、文化、旅游融合发展的创新业态，打造后奥运经济发展高地，促进人民群众共享奥运红利，京张两地以加快建设京张体育文化旅游带为契机，在交通、环境、产业、公共服务等领域不断深入合作，取得了积极成效。

发展基础

◎ 赛事效应显著

冬奥会促成了区域内 25 个奥运场馆与 21 个公众滑雪场，形成了极具品牌吸引力的独特资源，构成了京张体育文化旅游带建设的重要引擎。区内城市基础条件大为改善，形成京张高铁，京礼、延崇、张崇 3 条高速和多条支干线；宁远机场完成改扩建并通航；张家口市开通 4 条直达北京市的公交线路。铁路、公路、航空的综合性立体化交通体系初步建成。张家口学院与崇礼区各大雪场合作，全力推动“百千万冰雪工程”，储备了大量医学、护理、翻译等专门人才；开设滑雪必修课，加快体育文化旅游专业人才培养，提高体育旅游的科技含量，培养了 300 多名技术熟练、理论扎实的滑雪指导员和一大批能够服务冬奥的应用型人才。“双奥之城”的影响力，更是自带流量与吸引力，极大地提升了京张国际知名度。

◎ 旅游发展迅速

区域内资源丰富且旅游业发展迅速，拥有 6 项世界文化遗产、136 个全国重点文物保护单位、61 项国家级非物质文化遗产代表性项目、3 个国家公共文化服务体系示范区、56 个高等级旅游景区、2 个国家级滑雪旅游度假地、1 个国家级旅游度假区、2 个国家全域旅游示范区、11 个全国乡村旅游重点村镇。

◎ 文化底蕴深厚

区内拥有丰富的冬奥文化、长城历史文化、红色历史文化等。北京为五朝古都，是世界上拥有世界文化遗产最多的城市；

张家口开创了中华五千年文明史，是边塞文化和草原文化发源地；同时，北京是“双奥之城”，拥有丰富的体育文化遗产。冬奥会的成功举办，为京张体育文化旅游带留下了丰富的奥林匹克遗产。

◎ 生态环境优良

区内有安家沟生态旅游区、张北中都原始草原度假村等15处国家4A级景区，国家级自然保护区3处、省级自然保护区1处、省级风景名胜区3处、国家级森林公园5处、省级森林公园20处、国家级湿地公园8处、省级湿地公园8处、省级地质公园3处、国家级沙漠公园1处等52处自然保护地。优良的自然生态环境，结合北京优势医疗资源，为康养旅游的发展提供了保障。

冬奥会首钢大跳台

典型做法

◎ 规划引领，明确发展目标和布局

自京张体育文化旅游带提出以来，先后颁布了《2022 年北京冬奥会和冬残奥会遗产战略计划》《北京 2022 年冬奥会和冬残奥会可持续性计划》，明确赛后用途和规划，创造了丰厚的冬奥和冬残奥遗产成果；先后制定或印发《京张体育文化旅游带建设规划》《京张体育文化旅游带（张家口）建设规划》等，进一步明确了建设京张体育文化旅游带的指导思想、发展定位、阶段目标及空间布局等。

◎ 资源整合，打造赛事会展集聚地

冬奥会的成功举办留下了世界顶尖水平的赛场、完善的竞赛器材、储备充分的竞赛人员，推动奥运场馆承接国内外重大体育赛事活动，着力打造服务全国、辐射世界的顶级赛事集聚地，成为加快京张体育文化旅游带建设的重要途径之一。2022—2023 赛季国际雪联自由式滑雪和单板滑雪 U 型场地世界杯，以及 PSA 亚洲单板职业联赛两大国际体育赛事落地张家口；河北省冰雪联赛将于 2022 年 12 月在张家口举办；自 2022 年开始，张家口将在每个雪季面向国内外大众雪友举办自主打造的 IP 赛事——“雪耀中国 · 高山滑雪积分赛”；推出 2022（第二届）京张全季体育旅游嘉年华，联合发布了 118 项“全季体育燃动京张”体育品牌赛事活动，涉及房车、露营等多类业态，线下线上相结合，着力构建全季节、全地域覆盖的“专业赛事 + 原创赛事”的赛事体系。

◎ **赛后利用，释放场馆综合效应**

因地制宜挖掘冬奥遗产最大效益，推动冬奥场馆实现长久利用，或引入专业性国内、国际赛事以及运动员日常体育训练，或面向大众推广冰雪运动与服务，最大限度发挥冬奥品牌的乘数效应。目前，多个冬奥场馆设施已向或将要对公众开放。以延庆赛区为例，以国家高山滑雪中心和大众雪场的山地资源为主体的冰雪和山地户外运动核心区，将推出丰富多彩的四季山地运动与休闲活动，带来深度户外体验；以山地新闻中心等场馆设施为主体的室内休闲娱乐区，将打造“体育+休闲”体验场景，包括雪车雪橇体验、山谷艺术展示中心等空间；以延庆冬奥村和西大庄科村等为主体的品质度假生活区，提供带有延庆当地民俗特色的住宿选择。此外，北京冬奥村将成为人才公租房、特色体育文创园和购物新地标；张家口赛区冬奥村将作为滑雪公寓出租或出售。

◎ **项目升级，文体康旅融合发展**

一是打造文体康旅融合发展新格局。实施《京张体育文化旅游带建设规划》，到2025年区域体育文化旅游产业布局、产品供给及高质量产业发展体系初步形成，到2035年全面形成一轴串联、三核引领、六区联动的空间布局。河北省重点谋划了冰雪旅游、旅居产业、草原生态、葡萄康养、民俗文化、影视产业6大板块134个产业项目、30个全域旅游服务保障体系建设项目，提出了“一带五区”的全域、四季、智慧旅游发展新格局，建设生态、文化、体育、康养、旅游高度融合、高质量发展的国际旅游目的地。

二是推出文体康旅精品旅游线路。张家口市发布了京张体育文化旅游带沿线20条文化旅游精品线路，包含“冬奥冰雪游”“草原生态游”“红色研学游”“长城古堡游”“康乐休闲游”“亲子假日游”6大主题；对“四季八线嗨玩京张”体育旅游主题线路进行全新升级，推出了52个体育旅游精品项目，包括“十佳精品体育赛事”“十佳体育旅游线路”“十佳体育旅游目的地”，以及22个“京张体育研学目的地”，积极探索体育、文化、旅游融合发展的创新业态，助推京张体育文化旅游带建设。

延庆奥林匹克国家高山滑雪场

亮点成效

◎ 助推京津冀协同发展

京张体育文化旅游带的建设，在场馆角色转换、文体康旅融合发展等方面进行了积极探索，不仅树立了奥运遗产持续利用的国际典范，更打造了文化、体育、康养、旅游融合发展的新名片。以京张体育文化旅游带建设为契机，京张两地在生态环境保护、乡村振兴、城镇化建设和产业转型升级诸多方面不

断加深统筹，为京津冀协同发展国家战略注入了新的内涵，形成了京张同城化发展的新链接，走出了一条“绿水青山”“冰天雪地”向“金山银山”转化的路径。

◎ 项目建设持续推进

围绕体育、文化、旅游基础设施及生态环境治理等领域，张家口谋划实施项目 287 个、总投资近 6000 亿元，重点推进旅游品牌项目 48 个，其中沿河、沿山、沿路 21 个特色资源开发项目已全部建成。张家口市京张体育文化旅游带建设项目（第一批）总投资约 148.62 亿元的 46 个辐射性、带动性强的项目已于 2022 年一季度集中开工。京张体育文化旅游带建设已正式由顶层设计阶段转入实质性实施阶段，而张家口通过“加快京张体育文化旅游带建设，持续释放冬奥效应、构筑发展新高地”的宏伟蓝图也正逐渐变为现实。

◎ 产业发展如火如荼

2021 年，京张地区体育旅游热度高涨，北京地区与体育相关的旅游内容同比增长 145%，张家口地区与体育相关的旅游内容同比上涨 600%。目前崇礼每 5 人中就有 1 人从事冰雪相关工作，超过 3 万人直接或间接进入冰雪和旅游行业。京张体育文化旅游带已展现示范效应，北京与张家口分别位列华北地区体育旅游热门城市的前两位，北京首钢园和张家口的玉如意场馆是年轻人在两地旅行的打卡地标。在微度假兴起的后疫情时代，京张体育文化旅游带的建立也为华北地区原本稀缺的冬季旅游资源带来了更多的活力与可能性。

◎ 转型促进乡村振兴经济带

张家口曾是首都周边贫困人口最集中的地区，是河北省脱贫攻坚的主战场，曾有 11 个国定贫困县区，其中 9 个县区被列为燕山—太行山集中连片特殊困难地区。2020 年 2 月，河北省的贫困县全部“摘帽”，从此告别区域性整体贫困，其中，张家口占 8 县 1 区。京张体育文化旅游带建设以乡村作为重要空间载体，让曾经的国家级贫困县变成中外游客心向往之的旅游胜地，在巩固脱贫攻坚成果、高质量推进乡村振兴战略等方面发挥了重要作用。

北京冬奥会速滑馆

专家点评

· 唐承财 ·

2020 年，第五届河北省旅发大会在张家口举行。大会期间，“京张体育文化旅游休闲带”揭开面纱，它的建设是京津冀协同发展国家战略的重要抓手，持续释放了冬奥效应，积极探索了体育、文化、旅游融合发展的创新业态，打造了后奥运经济发展高地，促进了人民群众共享奥运红利，在交通、环境、产业、公共服务等领域合作不断深入，取得了积极成效。通过科学编制规划，以规划引领，明确发展目标、阶段目标和空间布局；通过资源整合，着力构建全季节、全地域覆盖的“专业赛事＋原创赛事”的赛事体系，打造赛事会展集聚地；打造了文体康旅融合发展新格局，建设生态、文化、体育、康养、旅游高度融合、高质量发展的国际旅游目的地，推出了文体康旅精品旅游线路，积极探索了体育、文化、旅游融合发展的创新业态。

呈现穿越千年的文旅盛宴

——江西南昌汉代海昏侯国考古遗址公园

竹帛烟消，沧海桑田，悠悠大汉已去两千余载。十余年间，海昏侯墓的考古与发掘引起了国内外的极大关注。墓中出土文物种类之多、数量之大、品质之精，为西汉王侯墓考古所仅见，堪称一部反映汉代鼎盛时期璀璨文化的百科全书。江西政府巨资投入建设考古遗址公园，使其兼具历史遗址考古发掘、保护利用与文旅融合功能，促进文化遗址保护与城市发展结合。

南昌汉代海昏侯国考古遗址公园位于江西省南昌市新建区，由海昏侯国国都紫金城城址、第一代海昏侯刘贺墓园、城址西部及南部墓葬群组成，是我国目前发现的面积最大、保存最好、格局最完整、内涵最丰富的典型汉代列侯国都城聚落遗址。南昌汉代海昏侯国遗址公园规划总面积 12.03 平方公里，主要分为遗址博物馆区、墓葬展示区、紫金城展示区、考古预留区、入口功能区、历史体验生态休闲区等六大功能区，具备保护、展示、休憩三大功能。南昌汉代海昏侯国遗址公园现建成开放项目主要包括“一馆”（遗址博物馆）、“一心”（游客服务展示中心及配套设施）、“一园”（刘贺墓园保护展示工程）、“一道”（紫金大道）与“一步”（遗址公园内部游步道）。2021年5月，南昌汉代海昏侯国遗址公园被评为国家4A级旅游景区。

发展基础

◎ 区位条件优越

南昌汉代海昏侯国遗址公园位于江西省南昌市，南昌素有“粤户闽庭，吴头楚尾”之盛誉，是国内唯一一个与长三角、珠三角和闽东南三角区相毗邻的省会城市，具有承东启西、沟通南北的战略性地位。南昌汉代海昏侯国遗址毗邻南昌市赣江新区，东临赣江，北依鄱阳湖，距离市区45公里，交通便捷，区位条件优越。

◎ 旅游资源独特

南昌汉代海昏侯国遗址共发掘出各类珍贵文物1万余件（套），青铜器、玉器、竹简、木牍、丝织品……它们是一把把解开文明密码的钥匙，有着独特的观赏价值。南昌汉代海昏侯国遗址公园还结合汉文化特色及自然景观，推出了汉阙迎宾、海昏遗韵、瑗璧礼天等海昏十景，串联成游览路线，漫步其中，仿佛回到千年前那个繁盛的王国。

◎ 文化内涵丰富

南昌汉代海昏侯国遗址出土的玉器、漆器、乐器、铸币等文物，多层面、多角度地展现了汉代的物质文化风貌，还原出两千多年前西汉的社会生活、经济形态和文化艺术的风貌特征，揭示了汉代兼收并蓄的丰富文化内涵。从“海昏侯墓”到“海

南昌汉代海昏侯国遗址公园

昏侯国”再到“海昏文明”，附加在“海昏”一词之后的内涵也越来越深远。

◎ 多方政策支持

中央和地方各级都高度重视南昌汉代海昏侯国遗址的保护与利用工作，国家“十四五”规划明确提出要开展江西汉代海昏侯国国家考古遗址公园建设；国家文物局将海昏侯国遗址列入《大遗址保护利用“十四五”专项规划》；江西省将推进海昏侯国遗址公园建设工作载入《关于加快文化强省建设的实施意见》，南昌市将汉代海昏侯国遗址公园列为十大文化重点工程的核心项目。

典型做法

◎ 多维发力：打造“海昏”文化新名片

一是政策引领，明确南昌汉代海昏侯国遗址公园的发展方向。江西省政府将“推进海昏侯国遗址公园建设、打造汉文化传承展示区”工作作为“文化强省”建设的重要举措，设立“南昌汉代海昏侯国遗址管理局”作为其保护管理机构，并专门出台《江西省南昌汉代海昏侯国遗址保护办法》，推动江西加快打造汉代海昏侯国文旅“新名片”。

二是区域联动，秦汉文明跨时空“对话”。2021 年，汉代海昏侯国遗址博物馆与秦始皇帝陵博物院联合举办的“大秦雄风——秦始皇兵马俑展”在南昌展出；2022 年，海昏侯与兵马俑两大 IP 联袂策划的“流风遗躅——西汉海昏侯刘贺墓出土文物展”在秦始皇帝陵博物院展出。海昏侯国遗址出土文物与秦始皇帝陵遗址出土文物同馆展出，不仅是地域间的文明对话，更是秦汉文化的交相辉映。

三是开展活动，弘扬汉代传统文化。为打造海昏文化品牌，南昌汉代海昏侯国遗址公园策划了一系列文化活动，围绕“赏奇珍异宝、品海昏文化、游遗址公园”等内容举办了 2021 海昏汉文化旅游月，从历史文化、饮食文化、礼仪文化等多维度对汉代文化进行了全方位展示。

◎ 多措并举：强化旅游品牌营销

一是传统媒体首先发力，扩大海昏侯品牌影响力。2015 年 11 月，南昌汉代海昏侯墓第一次向世人揭开它神秘的面纱后，江西本地传统电视媒体便推出海昏侯系列报道，全面总结海昏侯墓的挖掘过程与成果，首先向世人介绍这一惊世大发现。而后以海昏侯为题材的《发现海昏侯》《海昏侯的生前身后》等图书争相出版，使海昏侯这一文化 IP 得到广泛传播。

二是新媒体持续输出，维持海昏侯品牌热度。海昏侯遗址面世之初，全国各大主流媒体、门户网站、区域网站便进行了全面的报道。南昌汉代海昏侯国遗址公园通过开通官方微博、创建微信公众号、拍摄短视频、开展直播等新媒体形式，架起了文物与公众沟通的新桥梁，让海昏文化通过新媒体焕发出新的生机与活力。

三是跨界联合营销，海昏侯品牌知名度不断提升。以海昏侯为题材的《海昏侯传奇》系列电影上线后收获众多粉丝。浙报传媒联合杭州大剧院打造原创舞台剧《海昏侯》，通过与观众的实时联动对海昏侯这一 IP 进行宣传，海昏侯品牌对外影响力持续增强。

◎ 文旅融合：擦出产业发展“新火花”

一是整合资源，打造特色旅游项目。南昌汉代海昏侯国遗址公园深入挖掘和整合各类文物旅游资源，打造了“金色海昏”“遇见海昏”“钟鸣海昏”“海昏汉画”等一批效益高、服务好、业态新的文化旅游项目，带领观众穿越古今，近距离感受历史的风云变幻。

二是科技赋能，助力文物活化。南昌汉代海昏侯国遗址公园精心打造“神奇海昏”展馆，运用 VR、AR 等虚拟现实领域的创新科技，带观众穿越回千年前的海昏侯国，开启探秘之旅。还有智能体感捕捉、沉浸式裸眼观影剧场、3D 打印等各类现代科技的运用，让历史动了起来、文物“活”了起来。

三是创新产品，延伸旅游产业链。南昌汉代海昏侯国遗址公园以出土文物为主要元素，研发出“再现海昏”系列文化创意产品，包含马蹄金手机扣、当卢书签、神兽手机壳等个性化产品。文创产品将历史与现代文化的创意融合，延伸打造海昏侯国文化品牌和文脉价值，缩短了汉代历史文化与现代生活之间的距离。

亮点成效

◎ 提质升级，城市文化旅游发展新格局形成

南昌汉代海昏侯国遗址公园自开园以来，游客络绎不绝，文化活动接连不断，不仅成为南昌一张亮丽的文化名片，更是标志着南昌市“北有汉代海昏侯国遗址公园为载体的汉代文化，中有滕王阁为载体的唐代文化，南有八大山人为载体的明清文化”的城市文化旅游发展新格局正式形成，为城市发展带来更多文化与旅游的新成长空间。

◎ 亮点纷呈，品牌知名度不断提升

南昌汉代海昏侯国遗址公园结合汉文化特色及自然景观，重点推出了汉阙迎宾、海昏遗韵、瑗璧礼天等海昏十景以诠释传奇海昏侯国，还精心打造了“金色海昏”“遇见海昏”“钟鸣海昏”等数十个特色项目。南昌汉代海昏侯国遗址公园已于2021年成功创建国家4A级旅游景区，入选全国文化遗产旅游百强案例，“北有兵马俑，南有海昏侯”的品牌知名度不断提升。

◎ 创意频出，文化旅游产品供给丰富

文化和旅游的融合，是“诗和远方”的融合，也是历史文

海昏侯墓出土的凤鸟纹青铜提梁卣

化的传承与再创造，南昌汉代海昏侯国遗址公园运用多种科技手段让历史和文物“活”了起来，通过文物展示形式、旅游服务方式、沉浸式体验项目的创新，为参观者提供了众多耳目一新的服务和产品。南昌汉代海昏侯国遗址公园目前已有1000多款海昏文旅融合产品，不仅有海昏剧场、海昏宝藏、少年天子等各类高科技互动项目，还有盖着海昏邮戳的明信片、海昏纪念币、海昏玉神兽公仔等众多独具特色的文创产品，使海昏文明成为“带得走”的文化符号。

◎ **文旅商携手，民生福祉不断改善**

南昌汉代海昏侯国遗址公园在开发建设与运营的过程中，为当地村民提供旅游产业链的各种工作岗位，同时为外出务工人员返乡就业创业创造了更多机会，目前已有600多人在海昏侯国遗址公园就业，吃起了“文旅饭”。紫金大道的旅游公交专线更是串联起了周边乡镇，吸纳当地村民就地创业，带动了区域内农家乐、民宿、水果采摘等产业的发展。文旅商携手，奏响了遗址保护利用与当地社会经济环境共同发展的协奏曲，以遗产旅游助推当地村民实现共同富裕，书写了乡村振兴的新篇章。

专家点评

·胡 兵·

遵循政策引领，明确“推进海昏侯国遗址公园建设、打造汉文化传承展示区”的科学定位，以管理体制创新、区域联动、资源整合、科技赋能、产品创新等为重要抓手，在不断升级文旅战略的基础上，借助传统媒体、新媒体、跨界联合营销等传播媒介和方式助力海昏侯品牌IP不断焕发出生机与活力，实现品牌升级与发展，实现“海昏侯墓”向“海昏侯国”再到“海昏文明”的重大跨越；以改善民生福祉为目标，奏响遗址保护利用与地方社会经济发展、遗产旅游发展与当地村民共同富裕的协奏曲，营造以人文本、民商结合、文旅融合的新气象，打造“北有汉代海昏侯国遗址公园为载体的汉代文化，中有滕王阁为载体的唐代文化，南有八大山人为载体的明清文化”的城市文化旅游发展新格局，成为打造大遗址保护的成功范本、文旅融合发展的又一经典案例。

走出关城融合的发展模式

——河北山海关

“北边燕山连绵，南边渤海漫天”，秦皇岛山海关区由此得名。毓秀山海、古韵雄关，山海关素有“两京锁钥无双地，万里长城第一关”的美誉；山海关景区更是位列明万里长城三大名关之首。近年来，山海关区依托关城独特的地理位置和优越的长城文化，成为建设长城国家文化公园的重要区域。

借势第二届河北省旅发大会，山海关紧紧抓住长城国家文化公园核心展示园建设的契机，狠抓服务升级和硬件提升，擦亮山海关旅游金字招牌，以长城国家文化公园河北段建设重大标志性项目和“一号工程”山海关中国长城文化博物馆为重点，以古城片区繁荣发展为重要抓手，实施关城一体融合发展。对标国际国内一流旅游目的地，聚焦文化赋能，将关城历史文化、传统文化注入旅游发展，推进文化和旅游产品提质升级，融合出关城文旅发展的新模式。

如今的山海关，收获了“全国工人先锋号”“中国旅行排行榜网友评选最具人气景区”“河北省旅游服务质量标杆单位”等诸多荣誉，不仅游客潮涌，还探索了文旅融合新模式，成为新时代的网红打卡地。

发展基础

◎ 区位优越

山海关区位于环渤海经济区中部，具有非常优越的区位优势。山海关区地处环渤海大都市密集区、大北京地区边缘圈层，位于京唐秦城镇发展轴和沿海产业经济带交汇处。而山海关所处的秦皇岛市是华北、东北、西北地区重要出海口和亚欧大桥北方桥头堡群之一，西距北京280公里，西南距天津220公里，东与大连隔海相距200公里，外部经济区位非常独特。山海关地处热门旅游城市秦皇岛，也是中外闻名的旅游胜地，年接待游客达400多万人次；区内与老龙头、燕塞湖等景区构成山、海、关相互联动，区外完美融入京津冀旅游区和环渤海旅游圈，旅游区位优越。

◎ 交通便利

山海关海陆空立体交通发达。京沈高速、102国道和205国道，京山、沈山铁路均在此交会，山海关民航机场可起降大中型客机，通往上海、广州、哈尔滨、西安等15个城市，旅游航线覆盖范围广；距全国第二大港——秦皇岛港仅15公里，已开通的全景秦皇岛航线，连接山海关、北戴河两大旅游热点区域，实现游客快旅慢游。

◎ 文化独特

山海关是“中国长城文化之乡”，山海关是万里长城东部起点的第一座重要关隘，境内长城遗存众多且保存良好，结构

山海关天下第一关

严谨，规模宏大，被誉为最精髓的天然长城博物馆；山海关是“孟姜女文化之乡”，拥有众多孟姜女的遗址遗迹和广为流传的孟姜女故事；山海关是“中国书法之乡”，历代文人骚客在此留下了大量书法印迹。“关隘文化”也为山海关文化一大特色，山海关是一座防御体系较为完整的城关，是关城人民在抵御外敌中创造的智慧结晶，使得山海关成为保家卫国的象征。

典型做法

◎ 深度文旅融合，塑造文旅品牌

结合长城、山、海、关四大元素，创新文旅融合，打造了一批知名文旅品牌。一是以长城为核心，打造“壮美长城”文化品牌。充分发挥世界文化遗产地、国家历史文化名城、中国长城文化之乡等垄断资源和品牌优势，强力打造“山海长城文化体验区”，抢占长城文化高地。通过长城书法精品展、“长城和平”论坛、长城远征拉力赛、“盛世兴臣·瑞龙祈福”、特色文化旅游产品展示等系列活动，彰显长城文化的现实价值和持久魅力。二是依托角山、长寿山景区资源，打造“福地燕山”文化品牌，借助山海关良好的生态环境，深挖“山地文化”内涵，创意“山地文化”载体，全力打造以文化生态为主线，集登山观光、休闲度假、体验长寿于一体的山地休闲旅游文化产业园区。三是立足海洋资源优势，打造“时尚渤海”文化品牌。科学融入文化旅游休闲元素，着力构建沿海海洋文化产业带。通过建设老龙头透水性观光平台、老龙头亲子嘉年华、海洋牧场休闲平台等项目，丰富时尚旅游体验。四是传承古城历史文化，打造“古韵雄关”文化品牌。围绕打造保存、延续、彰显中华文明的世界人文名城的目标，深入挖掘古城历史文化，着力实现旅游产品向以文化为价值核心的创意旅游产品转化。

◎ 加强区域联动，扩展融合力量

山海关坚持西跨、北拓、南优、东提的总体城市发展思路，拉开城市发展框架，增强与周边区域联系互动性，促进共同发展。按照“全城规划、产城融合、城乡一体”理念，构建以古城为核心，以长城和石河为两轴的“一核两轴四片区”空间布局，通过城市发展形成旅游功能区或旅游休闲度假空间，引导形成关城一体，关城融合，形成优势互补的高质量发展新格局；充分展示关城历史文化内涵，着眼“山海相依、关城一体”特色，建好城市标志性地段、景观、建筑，着力打造具有历史记忆、地域特色和时代特征的精致城市，不断提高城市品质内涵，走出了一条与一流国际旅游城市先行区相匹配的城市治理现代化新路子。

◎ 推动产业转型，做强文旅产业

山海关结合自身的地理位置，以渔港转型升级为目标，打造滨海文化度假区。建设渔港文化风情商业街，发展渔港风情酒店、渔港文化体验交易中心、游艇俱乐部，以沉浸式体验方式吸引游客参与“渔家风情游”，享受渔港文化，实现渔业向旅游业过渡。依托4A级景区乐岛海洋公园，推动主题演艺、亲海游乐、沙滩休闲业态发展，推进音乐动感沙滩、白鹭岛游艇码头、南海潮湾码头等休闲旅游项目，重点打造山海关滨海旅游休闲度假风景线，形成滨海旅游集群景区和十里金色海岸，通过做强海滨旅游业态促进文旅发展。

◎ 开发创新产品，增强游客体验

山海关积极创新文旅产品，做好长城主题沉浸式实景演出，谋划长城脚下话非遗、长城体验游等特色活动，节假日举办“夜秀山海关”“特色美食节”“521 乐跑山海关”等各种大型活动，打造古城精品文娱项目，充分发掘历史文化资源，开发多种类有特色文创产品，谋划增设文创售卖门店，打造关城特色品牌，刺激景区消费，拉动经济增长，增加游客体验感，提高景区游玩满意度。山海关充分利用抖音、快手、微信等自媒体，加大宣传力度，采用多种方式招揽游客，讲好山海关故事，增强游客旅游体验，进一步提高景区吸引力。

亮点成效

◎ 关城融合市场效益好

山海关坚持文旅融合发展，立足于区情，着力增加旅游项目、丰富旅游内涵、提升旅游品质，旅游服务质量进一步提高，市场秩序进一步优化，刺激山海关区旅游市场持续火爆。2018 年上半年山海关各旅游景区共接待游客 301.39 万人次，同比增长 12.81%，其中天下第一关、老龙头、孟姜女庙 3 个主要景区，总计接待游客 202.62 万人次，实现门票收入 5665.25 万元，同比分别增长 28.40%、11.36%。到 2019 年国庆节，山海关各旅游景区已接待游客 618.42 万人次，同比增长 10%。

◎ 景城共建提升基建品质

山海关在景城融合探索中，重视基础设施的建设，完善基础设施服务，以旅游业助力城区高质量发展。山海关统筹推进重大基础设施建设，深入推进城区道路改造建设，关城南路东延伸道路改造工程完成总投资约1200万元，建设好道路网络，方便景点连通性，升级打造“景城交融”的精品旅游线路，促进景点集群化发展。加大城区老旧小区改造，提高基础设施水平，优化城区居民居住环境，营造更具特色的古城风格，坚持景城一体化发展，打造主客共享的最美山海关。提升城市综合配套能力，全力确保遵秦高速、102国道山海关段按期完工，拉开城市发展框架。

◎ 关城融合打响世界品牌

山海关以长城国家文化公园和长城文化博物馆为载体，以独特的长城关隘文化为灵魂，坚持“能融则融，能融尽融，以文塑旅，以旅彰文”原则，打造高品质的“山、海、关、城”文旅品牌，通过关城融合发展，成功助力全市创建全国文明城市、国家森林城市，高分通过国家卫生城市国家技术评估。通过挖掘相关的非遗传承文化，不断创新文旅产品，以剧目演出、国潮灯光秀、古城夜游等营销活动，塑造山海关历史名城新形象，打造“世界一流、全国第一”的长城文化地标、文化名片，2019年9月，山海关景区获准加入金钥匙国际联盟。通过优化景区服务，提升景区管理，恢复5A级旅游景区质量等级，成功创建国家级和省级全域旅游示范区，荣获首批国家级文明旅游示范单位。

◎ 关城融合创新治理模式

山海关将古城发展作为核心点，挖掘长城关隘文化，打造“天下第一关”的世界品牌，文旅融合坚持“关城一体”思路，以古城繁荣发展拉动全区经济社会高质量发展，打造“景城共建，关城融合”新模式。加快推进 4 条大街资产置换，盘活古城资产；探索民宿集中统一管理模式，打造竹居、大名帅府等“轻旅游 + 微度假 + 休闲”一站式主题民俗；优化古城旅游环境，实施基础设施改造、路面更新和外立面整饬，形成风格统一、历史文化气息浓厚的建筑风貌；打造实景演出、民俗等古城特色业态，让古城“活”起来，实现老城做好新文章。推进山海关长城国家文化公园的建设，以长城文化为魂，以山水生态为基，探索“旅游 +”文旅新模式，打造民俗、民宿、美食、文娱等特色业态，擦亮文旅融合新名片。

秦皇岛山海关区航拍

专家点评

· 邢慧斌 ·

山海关作为万里长城三大关隘之首，享誉世界，旅游发展较早和基础较好。近年来，山海关在文旅深度融合和旅游业态创新以及塑造品牌等方面不断发力，旅游产业实现了新的跨越发展。山海关结合长城、山、海、关四大元素，充分挖掘本地特色民俗和非遗资源，创新文旅新业态，为旅游发展注入了新的活力，“渔家风情游”等沉浸式旅游项目丰富了游客体验，夜间集市和文化创意激发了古城夜经济的生机，在城市更新和社区改造中拓展了文旅融合的新空间。同时，山海关旅游注重科技的注入，依托智慧旅游的空间开发科普、研学等旅游业态，利用抖音、快手、微信等自媒体，加大宣传力度，巩固和提升旅游品牌的社会影响。山海关的关城融合、景城共建、注重品牌、创新治理等做法尤其对于具有良好旅游发展基础的景区的提档升级和文旅深度融合发展具有较强的借鉴价值。

体旅融合发展的全新方向

——云南迪庆户外运动

云南省西北部，滇川藏三省交界、三江并流处，有着一片神奇的土地——迪庆。宁静而又深邃、优雅而又壮阔，“群山蕴宝，众水流金”是它的真实写照。迪庆拥有风景瑰丽、神奇险峻的雪山，因此也是户外爱好者向往的地方。近年来，迪庆基于生态体育的全新理念，全面提升旅游服务能力，大力推进户外旅游建设，在做好疫情防控的同时，取得了优异成效。

迪庆藏族自治州，藏语意为“吉祥如意的地方”。辖香格里拉市、德钦县、维西傈僳族自治县三个县（市），全州总面积23185.67平方千米，常住总人口38.75万人。境内有汉、白、藏、彝、傈僳、纳西等26个民族，藏传佛教、东巴教、基督教、天主教、伊斯兰教等多种宗教，是多民族聚居、多宗教并存的地区。在近年来一系列国家级、省级发展战略中，迪庆是重要节点，藏羌彝文化走廊、南亚廊道、国家长征文化公园、国家级民族文化生态保护试验区、大滇西旅游环线等战略项目推动了迪庆的快速发展。迪庆被誉为云南旅游皇冠上的明珠，既拥有包括雪山冰川、高山草甸、原始森林、江河峡谷等在内的多

梅里雪山露营

样化的自然景观，也拥有“香格里拉”“三江并流”等世界级旅游品牌。

迪庆依托丰富的生态资源，高原“凉资源”变成了“热经济”，各景区景点因地制宜，不断开发新产品，发展旅游新业态，文旅融合发展不断增强，旅游带动经济发展效果显著。

发展基础

◎ 区位条件良好

在地理位置上，迪庆处于“大香格里拉生态旅游区”和“三江并流”的中心腹地，位于“德钦—香格里拉—丽江—大理—保山—瑞丽—腾冲—泸水—贡山—德钦”的大滇西旅游环线和茶马古道“滇藏线”要冲，是内地连接藏区的前沿阵地和咽喉，是历史上西南“丝绸之路”的重要物资中转站和集散地，区位优势明显。

◎ 旅游资源独特

迪庆拥有15个A级景区，包括1个国家5A级景区和5个国家4A级景区，包括香格里拉普达措国家公园、香格里拉梅里雪山国家公园、香格里拉滇金丝猴国家公园、虎跳峡、巴拉格宗大峡谷等。迪庆被誉为“动植物王国”和“天然高山花园”，拥有丰富的民族风情和宗教文化，红色文化底蕴丰厚。此外，迪庆拥有8个国家级的非遗项目，10个省级的非遗项目，形成了特色鲜明的多民族、多宗教、多文化繁荣共生的“香格里拉”胜境。

◎ 基础设施健全

迪庆连接滇、川、藏三省区，拥有滇藏公路、川藏公路、康藏公路、香丽高速公路等公路干线以及一个已开通香格里拉通往全国多个城市航班的香格里拉机场，进入迪庆藏族自治州的主要交通方式是公路和航空，交通较为方便。目前西香高速公路正在修建，丽香铁路于2022年底有望建成通车，迪庆交通系统将更为健全。

◎ 政策机遇优良

作为云南省唯一的藏区，迪庆得到了国家的重点支持，在政策扶持、项目建设方面独具优势。州政府不断加强政策倾斜，强化正向政策激励引导和多措并举综合扶持，深化文旅、农旅等融合，打造智慧旅游平台，联合文旅企业开展形式各样的“吃、住、行、游、购、娱”旅游规划和营销活动。迪庆州政府制定实施推动旅游高质量发展的三年行动计划，推进“十大工程”建设，大力发展乡村旅游、避暑旅游、摄影徒步旅游、森林草原旅游、体育旅游等新业态。加快香格里拉生态体育公园十项设施建设，建设全国知名户外运动基地，形成政府、企业、百姓多方共赢的文旅融合、全域旅游发展新模式。

典型做法

◎ 坚持规划引领旅游高质量发展

贯彻《云南省人民政府办公厅关于促进全民健身和体育消费推动体育产业高质量发展的实施意见》精神，促进体育旅游融合发展。在“全域旅游”理念的引领下，创新“体育＋旅游”

发展模式，制定实施三年行动计划，开展景区提升工程、文旅融合工程、旅游业态创新工程、旅游价值链延伸工程、智慧旅游及旅游基础设施补短板工程、品牌擦亮工程等“十大工程”建设，加快体育产业恢复，持续推动迪庆文旅转型升级和体育旅游高质量发展。

◎ 品牌优势推动高品质体育旅游建设

加强体育旅游训练基地和精品景区建设。迪庆以“香格里拉”品牌为发展核心，以“体育 + 旅游”为发展模式，大力建设全国一流的香格里拉户外运动基地，推动以户外天堂为发展理念的体育旅游产业发展。同时，结合迪庆独特的自然生态环境和民族宗教文化特色，将文化、旅游景区和体育赛事等融为一体，建设集训练、比赛、科研、休闲、娱乐、度假、健身、培训等多功能于一体的高海拔低纬度体育训练基地。

持续推进“户外运动 + 旅游”新业态，深化全域旅游发展。打造优质户外运动项目，加强体育旅游品牌建设，充分发挥迪庆州自然资源优势，开发多样化的旅游产品，以十大户外徒步线路、十大户外体育活动为核心，开发了骑行、徒步、露营、越野、登山等山地运动产品，漂流、皮划艇等水上运动产品以及观鸟、摄影、自驾、野营等其他户外活动。

深入挖掘民族文化，推进民族文化、体育、旅游深度融合。发挥迪庆多个民族的文化力量，挖掘民族体育旅游资源，打造精品民族体育运动和民族特色健身休闲项目，如香格里拉市民族赛马、德钦县射箭、维西县射弩等特色民族体育项目。

◎ 立体营销多维推介迪庆旅游资源

多类线上媒体平台助力。通过抖音、快手等自媒体的视频宣传，微博、小红书、微信公众号、途牛网、去哪儿网等社交媒体平台的推文宣传，以及开展“世界的香格里拉”抖音话题挑战赛等网宣活动促进迪庆州文旅产业资源推介。制定相关网络宣传激励机制，邀请网络大V、自媒体达人定向进行品牌宣传推广和精品体育旅游产品推介，将迪庆打造成全国知名体育户外运动目的地。

与官方媒体联动宣传。通过与新华社、中新社、中国网、中国日报、中国网、云南广播电视台、云南日报、春城晚报、云南网等多家媒体合作，对体育旅游活动、体育旅游赛事进行全方位、多维度、多角度的体育旅游发展成果跟踪报道，推介迪庆体育旅游精品景区、精品线路、精品赛事。

◎ 补齐短板推进旅游提质升级

提出生态体育全新发展。依托迪庆得天独厚的自然生态环境突出生态健身、旅游健身亮点，推介布局全州的十大徒步线路、十大精品赛事、十大精品景区，建设香格里拉生态体育公园，打造国际性特色体育旅游系列项目。

鼓励和支持社会资本投资。迪庆通过大型体育旅游项目、户外活动项目开展“走出去”推介活动、“云南人游迪庆”路演活动和精准招商引资活动。与华为签订合约，共建“智慧迪庆”；与福建省旅游发展集团、云南省城投集团等企业合作，打造“世界的香格里拉”旅游目的地。

亮点成效

◎ “体育＋旅游”模式成为示范

迪庆发展旅游体育赛事品牌，积极发展健康养生旅游项目，培育旅游新业态。提出了建设全国一流的香格里拉户外运动基地、打造户外天堂的体育旅游产业发展思路，以“体育＋旅游”新业态，将体育旅游景区、路线、赛事完美结合，设计出精品户外运动线路和产品，打造精品体育旅游景区和体育旅游训练基地。普达措国家公园被评为2017中国体育旅游精品景区；香格里拉生态体育公园被评为2017中国十佳精品体育旅游目的地；梅里雪山入选2017年“国家体育旅游示范基地”；普达措国家公园、梅里100极限耐力赛、德钦格萨尔射箭节、香格里拉户外运动大会、普达措尼汝徒步线路入选2022年云南省体育旅游精品项目名单；德钦格萨尔射箭节、迪庆香格里拉端午赛马节入选2022年云南省体育文化优秀项目。近年来，到迪庆香格里拉旅游和开展户外运动的人数不断增长，迪庆体育旅游休闲运动、户外运动卓有成效并呈高速发展态势。

◎ 转型升级初见成效

大力推进“旅游革命”9大工程，推出6个主题之旅、7条自驾线路以及8条徒步线路等旅游产品，包括“巴拉格宗音乐节、五月民族传统赛马节、十月长假节庆活动、香格里拉葡萄酒文化节、香格里拉梅里雪山弦子节”5个节庆活动、杜鹃之旅、松茸之旅、摄行之旅、非遗之旅、观鸟之旅、红色之旅，盘活旅游资源，打造全域旅游文化、生态、康体等多方位热点产品。依托普达措国家公园、虎跳峡景区、梅里雪山国家公园、滇金丝猴国家公园等知名旅游景区以及民族文化，创新旅游发展业态，完善旅游基础设施，提高服务品质及游客体验度。“十三五”期间，迪庆州文旅产业发展不断提速，全州共接待国内外游客1.01亿人次，旅游总收入达到1107.72亿元，推进20多个文旅建设项目。建设迪庆州旅游集散中心和“五大国家公园”连接全州核心景观的旅游精品路线，打造世界级精品生态旅游区的目标和项目初见成效。

◎ 冬季运动点亮体旅融合

冬季是迪庆州的旅游淡季，如何平衡旅游淡旺季、丰富四季旅游产品供给、增添冬季旅游新热点，迪庆给出优异答卷。依托海拔高低不同的旅游资源、民族文化特色，迪庆严格按照“全境布局、全景规划、全时设计、全民参与、全业联动、全域治理”的方针，编制了系列冬季旅游专项规划，以“生态—文化—体验”三位一体融合发展为导向，打造系列高端冬季旅游产品，探索高山滑雪、体育赛事、夜间经济等冬季可实施项目，推出观鸟之旅等产品，补齐冬季旅游短板。精心打造了一批聚焦户外、自驾、探秘、饮食、藏医药养生等旅游新业态的高品质品牌产品，推动迪庆乡村旅游、生态旅游、休闲康养旅游一体化发展，助力乡村振兴和旅游转型升级，着力打造全域旅游，实现旅游良性循环发展。

专家点评

·胡　兵·

云南迪庆依托良好的区位条件、独特的旅游资源、健全的基础设施和政策机遇，确立了打造户外天堂的体育旅游产业发展思路，以“体育+旅游”模式，将体育旅游景区、路线、赛事进行完美结合；创新“体育+旅游”发展模式，制定实施三年行动计划以及启动“十大工程”建设，引领迪庆体育旅游高质量发展；以当地优秀旅游品牌“香格里拉”为品牌背书，深度挖掘民族体育旅游资源，致力于将自然景观、宗教文化与体育项目相结合，建设高品质体育旅游品牌，全方位、多维度、立体化进行品牌宣传推广和精品体育旅游产品推介；提出“文化+生态+体育+旅游”新业态，开辟了规模化体育旅游休闲运动、户外运动新赛道，挖掘冬季“体旅融合”新项目补齐短板，实现当地旅游业优化升级，成为旅游目的地成功转型之范本。

发展全域旅游，
路子是对的，
要坚持走下去。

——习近平

05

全域谋划 统筹协调

- 发展全域旅游的雪城答卷
  ——黑龙江牡丹江
- 打破行政藩篱的品牌典范
  ——河北京西百渡休闲度假区
- 串联滨海风景的全域美途
  ——海南环岛旅游公路
- 跨国极致远征的梦想加油站
  ——黑龙江黑河
- 京津冀经济圈中的璀璨明珠
  ——河北秦皇岛山海康养旅游度假区

发展全域旅游的雪城答卷

——黑龙江牡丹江

辽阔无垠的东北大地上，有一座城市被松花江的最大支流所横跨，也因此而得名，那就是牡丹江。这里倚山滨江、怀湖抱林，被称为苍茫林海中的“塞北江南”；这里土地肥沃、物产丰饶，也被称为白云黑水之间的“鱼米之乡”。牡丹江依托丰富的旅游资源，打出“镜泊胜景·林海雪原”金字招牌，使全域旅游不断升温。

牡丹江是黑龙江省东南部中心城市，辖绥芬河等6个县（市）和东安等4个城区。全市总面积4.06万平方公里，总人口280万人，有朝鲜族、满族、回族、蒙古族等少数民族38个。牡丹江市是黑龙江省第二大旅游中心城市和黑龙江省东南部国际、国内旅游的主要门户城市。牡丹江旅游资源富集、种类多样、品质优良，全国八大类旅游资源在域内均有分布。近年来牡丹江市文化消费和旅游发展水平、产业量级、国际化程度、服务质量全面升级。2021年8月，第四届黑龙江省旅游产业发展大会在牡丹江市召开，更是推动了该市旅游业高质量发展。

发展基础

牡丹江区位条件良好，基础设施优良。牡丹江地处东北亚经济圈的中心区域，是东北亚陆海联运大通道和欧亚大陆桥重要节点，也是连接俄国海参崴自由港区、长吉图开发开放先导区的前沿城市，沿边对俄优势突出。牡丹江市拥有较为健全的公路、铁路、民航交通系统。牡丹江机场达国家二类机场标准，开通至北京、广州等国内航线，至俄罗斯雅库茨克及哈巴罗夫斯克等国际航线。哈牡高铁、牡佳高铁、牡绥高铁在此交会。公路交通已形成了以 G10、G11 国道为主骨架，以县乡公路为支线，连接“六城”的公路网络。

牡丹江主要旅游资源涵盖 8 个主类，29 个亚类，109 个旅

牡丹江镜泊湖瀑布秋色

游资源基本类型，包括1个国家5A级景区，14个国家4A级景区以及12个国家3A级景区，总量丰富，类型多样，禀赋优异。牡丹江拥有七大特色资源，单体资源竞争力强，资源组合相得益彰。在牡丹江优质生态基底之上旅游资源呈现“湖、林、雪、边、俗、特、红”七大特色。

牡丹江持续深化国家文旅消费试点城市建设。聚集发展晚间购物、餐饮、旅游、娱乐、学习、影视、休闲等夜间文旅消费业态。第四届黑龙江省旅游产业发展大会于2021年在牡丹江市召开，牡丹江把承办旅发大会作为发展全域旅游、促进乡村振兴、加速产业转型的重要抓手来抓，对推进旅游业快速高质量发展具有重要意义。

典型做法

◎ 多维发力：提升全域旅游质量

一是规划引领，明确全域旅游发展目标和方向。党的十八大以来，牡丹江市先后出台《关于加快旅游产业创新发展的实施意见》《牡丹江全域旅游发展规划2019—2025》《旅游产业转型升级方案（2019—2021年）》，强化规划引领发展。

二是产品升级，推动“景点旅游”向“全域旅游”的转变。牡丹江市不断完善旅游产品和线路设计，相继推出春季赏花、登高、踏青等节庆活动；夏季依托牡丹江水系以镜泊湖为重点，打造生态旅游长廊，形成一个夏季生态旅游景点的集聚区；秋季的各种采摘活动，赏五花山以及举办摄影大赛等；冬季充分发挥雪城、雪乡、雪堡、雪村等独特的冰雪资源优势，在全省“哈亚牡”白金线路的基础上拓线结网，打造出“哈亚牡、海牡镜”冬季精品旅游线路，全面推进冰雪产业发展，实现了两季游向四季游、观光游向体验游、“景点旅游”向“全域旅游”的转变。

三是推进项目建设，进行提质升级。牡丹江市围绕发展全域旅游，推进建设与改造提升项目177个，其中与旅发大会关联度高的项目42个，确定的重点观摩项目29个。牡丹江市所辖10个县（市、区）坚持全域化布局、差异化定位、特色化发展，充分挖掘释放优势资源，争相打造爆点项目。

◎ 立体覆盖：强化营销发展抓手

一是突出新媒体营销。自2015年起，牡丹江市旅游局与北京、杭州等地的广告公司开展深入合作，在数百家旅游网站、门户网站、网络论坛进行网络全覆盖式宣传推广。搭建抖音超级话题，邀请组织自媒体网红达人来牡采风，增加微信公众号、新浪微博等新媒体短视频推送力度和频次，举办文旅创造营落地实训活动，形成城市旅游传播热点。

二是突出产品营销。加强与旅行社的交流合作，主动把握游客喜好需求，挖掘整合优势旅游资源，以点穿线、以点带面，设计蝶状、网状特色旅游线路，深化国家级文旅消费试点城市建设，聚集发展购物、餐饮、娱乐等夜间旅游产品，增强牡丹江旅游的性价比、吸引力和美誉度。

三是突出联动营销。借助好省级旅游营销平台和渠道，发挥好国内知名媒体作用，与中国旅游报社和黑龙江省旅游局合作，举办了“2015美丽中国行”大型采风活动。积极参与“2021美丽中国行——走进非常冰雪黑龙江”采风和新华网《请随我来》品牌栏目拍摄录制活动，借助牡佳高铁和黑龙江省重点旅

牡丹江雪乡

游城市高铁网络，对牡丹江的旅游资源进行多点位、联动式宣传推介。

◎ “四擎齐驱”：创新质量提升机制

近年来牡丹江市创新构建战略推动、品牌引领、标准支撑、监管保障“四擎齐驱”质量提升机制，全面推动旅游产业转型升级、高质量发展。

以质量战略推动质量提升。成立由市政府主要领导任组长的质量强市工作领导小组，将质量工作纳入对各县（市）、区目标管理绩效考核。印发《服务业质量提升行动实施方案》，配套出台旅游行业服务质量提升细化措施，推动全市服务业提质增效。发挥质量基础在旅游产业转型升级中的支撑和引导作用。

以品牌培育引领质量提升。出台《牡丹江市人民政府质量奖管理办法》，开展了“十佳旅游品牌”评选，推出一批体现牡丹江地域特色的优质文创产品和“虎妞”“雪娃”等城市旅游形象品牌。以承办旅发大会为契机，多维度宣传“冰雪胜境·避暑天堂”品牌，镜泊湖、中国雪乡等特色景区和旅游品牌。

以标准创新支撑质量提升。创建雪乡景区、金鼎大酒店等国家级服务业标准化试点4个，健全涵盖吃住行游购娱全链条的全市旅游标准体系，除32项国家标准、24项行业标准、11项省级地方标准外，专门制修订6项地方标准，强化对标、贯标、立标，为地方旅游产业质量提升提供标准支撑。

以监管执法保障质量提升。树立全市旅游市场监管一盘棋思想，建立旅游市场整治工作专班，构建横向到边、纵向到底的监管体制，设立专职监管机构。牡丹江市市场监管局专门设置旅游分局，靶向发力，查处各旅游区市场监管领域违法违规行为，专人专岗维护良好旅游市场秩序。

亮点成效

◎ 提质升级，构建了全域旅游新格局

牡丹江市以发展全域旅游为抓手，围绕“全季、全时、全域、全民、全产业链”，构建了全域旅游发展新格局。近年来接待游客、旅游收入年均增长保持在20%以上，先后成为中国优秀旅游城市、中国十佳冰雪旅游城市。镜泊湖是国内夏季旅游热点景区之一，年接待游客突破百万人次；中国雪乡是国内旅游知名品牌。

◎ 亮点纷呈，品牌知名度不断提升

围绕“镜泊胜景 · 林海雪原”主题，牡丹江重点打造出了“四大亮点”（乡村振兴、多维呈现，红色研学、创意延展，文旅融合、体验创新，全域旅游、示范引领），提升了“四大板块”（牡丹江市区板块，镜泊湖—宁安板块，海林、横道河子板块和绥芬河—东宁—穆棱—林口板块）。品牌知名度不断提升。镜泊湖景区以63.93亿元蝉联黑龙江品牌价值评价“旅游目的地品牌价值”榜首。

◎ 特色突出，旅游产品不断融合深化

牡丹江丰富了全域旅游产品供给，新开发了生态休闲游、风情民俗游、科普研学游、冰雪休闲游和红色旅游、文化体验游、休闲娱乐游等7大类66个旅游产品（线路），实现县县有特色、区区有亮点。依托地域丰富的历史、民俗、红色和现代生活等

文化资源，全面加速了文化元素与全域旅游产品的融入结合。35 个红色文化景区景点和主题场馆得到提升建设。农村特色产业、田园生态和民族民俗风情等元素植入，加快提升了乡村旅游的规模和效益。

◎ **借力旅发大会，实现了转型升级**

借助承办旅发大会契机，牡丹江得到了各方的高度关注，城市知名度和吸引力显著增强。一批观摩项目建设，让镜泊湖、中国雪乡等一批原有的知名景区焕发新生机，让林海雪原风景区、中兴峰悦自驾车营地等爆款新产品提升了旅游热度。旅发大会推动了城市居住品质、文化品质、功能品质大幅提升，也推动了牡丹江全域旅游发展迈上一个新台阶。

专家点评

· 张朝枝 ·

因江而名，因湖而秀，因雪而奇，因边而兴。这就是素有“塞北江南、雪域天堂、鱼米之乡”之称的牡丹江。地方旅游发展往往需要通过一些标志性事件来形成影响力，从而实现关键时间节点的突破。牡丹江依托第四届黑龙江省旅游产业发展大会，促进地方旅游产业实现“质”的飞跃。通过旅游产业发展大会向业界同行、各级政府部门集体展示其旅游发展的信心，分享其旅游发展工作的政策措施，宣传其丰富的产品及其相应的旅游接待设施与服务水平，为引爆旅游发展创造机遇，在这个过程中地方政府充分发挥了政府引导市场的作用力，通过旅发大会形成示范带动，有效地刺激了区域旅游发展，成为旅发大会成功带动地方经济社会和全域旅游发展的典型。

打破行政藩篱的品牌典范

——河北京西百渡休闲度假区

一条湍急的拒马河，奔流不息地流淌在河北大地。它发源于太行山脉，穿林海、跨山川，浩浩汤汤地将涞水、易县、涞源三县串联，成为连接区域内旅游资源的重要纽带。“涞易涞”沿线谷壁峭立，峰林叠翠，形成上百个“渡口”，近年来被打造为“京西百渡休闲度假区”，山山石奇峰险，渡渡水清景美，成为全域旅游发展的典范。

京西百渡休闲度假区位于河北省保定市西北部，与北京市房山区毗邻，包括涞水、易县、涞源三县，景区总面积6646平方公里，交通便捷通达，处于京津1小时交通圈，拥有京津巨大的高端消费群体。该区域历史文脉深远，旅游资源丰富，是河北省重点打造的旅游产业聚集区之一，也是环首都旅游圈和太行山旅游带的重要组成部分，是首批“国家全域旅游示范区”创建单位之一。2016年9月23日至25日，首届河北省旅发大会在京西百渡休闲度假区成功举办，随后度假区借助旅发大会东风，全面建设公共服务设施，提升旅游体验，带动了全域旅游快速发展。

京西百渡休闲度假区的成功创建，让其成为推动全域旅游发展，打造多业态布局新型旅游度假区的典范，开创了保定旅游产业转型发展的新格局。

发展基础

◎ 区域位置优越

京西百渡休闲度假区位于环京津1小时交通圈内，这里京昆、荣乌、张石、张涿高速和国道108、112、207等构成了京西四通八达的交通网络，为大众旅游在城市与乡村之间便捷往来搭建了桥梁。2021年京津两地常住人口达3561.6万人，受疫情影响人们更趋于选择短时短途旅游，“京西百渡”旅游发展潜力巨大。

◎ 自然资源多样

京西百渡休闲度假区属温带季风气候四季分明，天清气爽，山高林密，植被覆盖率高达80%，被誉为京郊的“天然氧仓”。地形西高东低，山峦起伏、河流沟壑纵横、沙滩湖泊（水库）分布其中。拒马河横贯涞源、易县、涞水三县，流向北京，沿途依托峡谷河流一渡再渡，直至百渡，形成上百个“渡口”，南峪渡（峪道民俗村），三坡渡（野三坡百里峡），海棠渡（涞水苟各庄村百里峡艺术小镇），蓬头渡（月亮湾健康小镇），紫荆渡（紫荆关风情小镇），凤凰渡（易县凤凰台满族风情小镇），武阳渡（易水河畔燕都古城），易水渡（易水湖养生度假区），长寿渡（易县安各庄恋乡风情水镇），飞狐渡（涞源

涞源白石山风光

湖），源头渡（拒马河湿地公园）、百渡白石渡（白石山国家地质公园）“一渡一主题、一渡一故事、一渡一特色”。

◎ **历史文化深厚**

涞水县、易县被认定为“千年古县”，“涞水智人”在此繁衍生息，留下了人类早期的历史文明足迹，春秋战国时期，燕国在此建都，奠定了文明的进一步发展。“京西百渡”的先民们，在众多的名山名川修建了数以百计的古寺、古刹、古庙、古塔、碑亭等，留下了丰富的人文景观。特别是清王朝在关内易县的永宁山下开辟的第二处皇家陵寝——清西陵，是我国封建社会现存规模最大、保存最完整的皇家陵寝之一。2000 年

11 月，清西陵作为“中国明、清皇家陵寝”的首批入选单位，被联合国教科文组织列入世界文化遗产名录。此外，这里还有乌龙雄塞，明代长城精华的乌龙沟长城，有中国古代九大雄关及长城内三关之一的紫荆关，以及荆轲刺秦引吭高歌的易水河、红色圣山狼牙山等等。

典型做法

◎ 创新区域连接，打造特色风景道

正如河北省旅游发展委主任那书晨所说：“这条 206 公里的风景道，就是打通节点、打造亮点，把各大核心景区不是用交通的方式，而是用旅游的方式串联起来。”随着高速公路的建设，在京西百渡休闲度假区范围内，京昆、张石、张涿等高速先织就了一张四通八达的交通网，再把各个景点之间相互串联的国道、省道、乡村公路都变成花海里的风景道。通过这条风景道，从涞水的野三坡景区到易县的紫荆关、清西陵、易水湖、狼牙山，再到涞源的白石山，三县相关旅游资源构成一个大景区，形成了区域联动态势。京西百渡休闲度假区打造全域旅游，不仅实现了涞易涞三县联动，而且进一步加强了与京津市场的区域联动和有效对接。

◎ 科技入驻景区，推进智慧旅游

野三坡景区管委会引入科技力量，重点建设了“智慧野三坡”，从景区管理、游客服务、营销体系、大数据应用和数字体验着手，打造“一张网、一朵云、五大平台、二十六个应用”的旅游新项目。野三坡智慧中心是野三坡智慧景区建设成果的

集中体现。景区工作人员通过指挥大厅大屏能够实时浏览景区、停车场视频监控信息、基于GIS平台进行设备集中管理和综合调度指挥。景区内32个监视器实施监控全景区所有监控点。野三坡景区还开启了游客一站式服务，包括旅游官网门户系统、景区APP系统、微信公众号系统，可以满足游客对景区概况、行程规划、旅游综合服务、个性化服务、互动交流五方面的需求。走在野三坡的景观大道上，随处可见LED显示屏，停车场有车辆出入景区自动识别、自助缴费服务，全域实现免费Wi-Fi覆盖和5G网络互换。景区100个巡更点，采用RFID射频识别技术、GPRS移动通信技术，达到对景区巡检人员工作状态和景点现场的有效管理，真正实现智慧景区、智慧旅游。

◎ 完善旅游产业，助力乡村振兴

“全域旅游”模式发展转变，使得京西百度休闲度假区旅游要素和旅游服务全域覆盖，同时带动和促进其他产业发展构建成全产业链的山地休闲旅游度假区。“京西百渡”三县通过山区综合开发、美丽乡村、现代农业、扶贫攻坚、乡村旅游“五位一体”统筹推进，建设了乡村游、山地游、农业游、工业游、商务游、购物游、文化游、康养游、自驾游、研学游10种新业态、87个新项目，促进了“京西百渡”旅游业向全区域、全要素、全产业链发展，有力地推动了“景点旅游”向“全域旅游”发展模式转变，成功打造了“京西百渡休闲度假区”这一知名新品牌，助力区域乡村振兴。

亮点成效

◎ 突破行政区划开展全域旅游

通过打造206公里的风景道，串联起涞易涞6600多平方公里全域旅游，形成区域联动态势。并充分发挥“旅游+”的融合发展功能，在“京西百渡”谋划实施了近百个旅游新项目，形成了10种新业态，延伸了产业链条。通过开展打造区域联动态势的全域旅游，京西百渡休闲度假区创建了野三坡众创文化示范区、易州康养文化度假区、涞源山地休闲度假区。野三坡众创文化示范区将聚焦文化旅游产业，关注创意、创新、创业，探索新模式，整合产、学、研等资源，搭建创业平台，建立共享机制，构筑服务体系，服务创业活动，提升创新能力，促进企业成长，成为中国文旅产业升级助推器和加速器。

◎ 智慧旅游增强旅游竞争力

游客打开手机应用，机票、酒店、景点门票一应俱全。来到景区入口，扫描二维码可轻松入园，景区内的无线网络热点、高清实景、360度虚拟实景、智能导游、停车场管理等系统覆盖，大大提升了游客的旅游体验。通过景区内的数据中心，管理者可以知道客流量，进行车流、人流、产品流的智慧管理。

◎ 政府引导带动市场大投入

2016年2月，河北省将“京西百渡”三县作为全省重点打造的旅游产业聚集区，三县成功列入全国首批“国家全域旅游示范区”创建名单。2016年9月下旬，首届河北省旅发大会召开，涞水、易县、涞源三县作为观摩会现场，使“京西百渡”一举惊艳了世界。2016年11月，京津冀农业主管部门在廊坊市召开了休闲农业协同发展研讨会，签署了《京津冀休闲农业协同发展框架协议》。2017 年河北省共划拨乡村旅游项目补助资金各设区市和财政直管县资金 4000 万元，其中位于京西百渡休闲度假区的 3 个县被分配 143 万元，占保定市补助资金的 45.7%。“京西百渡”三县在着力完善、提升原有狼牙山、易水湖、清西陵、野三坡、白石山等核心知名品牌景区的同时，用少量财政资金撬动社会资本投入近 300 亿元，产生了巨大的综合效益。

专家点评

·钟林生·

京西百渡休闲度假区的创建打破了行政区划的藩篱，用全域旅游的思维来构建区域旅游发展大品牌。度假区以旅游风景道为抓手，将旅游交通升级为旅游多元体验，串起涞水、易县、涞源三县主要旅游资源，打造线型旅游吸引物体系。通过科技提升旅游基础设施，用智慧的手段优化旅游服务；注重政府引导作用，以“四两拨千斤”的手法撬动大量社会资本投资文旅产业，形成品牌效应，成为政府发展景区的典范。围绕旅游风景道布局多种业态，丰富旅游产品内容，产生辐射效益，引导社会资本投资旅游产业，形成产业良性发展的典型案例。

串联滨海风景的全域美途

——海南环岛旅游公路

位于我国热带地区的海南岛，一直以来犹如南海上一颗璀璨的珍珠，四季常花，长夏无冬。历史文化遗产富集的“椰城”海口、山海旅游资源优越的“鹿城”三亚、拥有最长海岸线的“紫贝”文昌……如今，一条环岛公路将这些城市串联起来，沿线生态环境优质、生物资源丰富、景观资源独特、岸段类型多样、历史文化多元，构成了海南全域旅游的全新格局。

2020 年 12 月 31 日，海南环岛旅游公路正式开工建设，预计 2023 年底全线通车。这条全线 988.2 公里的旅游公路，以旅游功能为主、交通功能为辅，全线约五分之一可以看海，是海南自贸港先导性重大基础设施项目。全程贯穿海口、琼海、三亚等沿海 12 个市县，串联沿途 9 个旅游小镇、37 个产业小镇，50 余个旅游景区和度假区。它是被定位为“国家海岸一号风景道”的旅游公路，推动海南旅游在资源整合、要素集聚、投资建设、业态创新、运营管理等方面实现跨越式发展，践行全域旅游示范省理念，是海南国际旅游消费中心标志性项目，也是海南全域旅游迈上新台阶的重要一笔。

发展基础

◎ 政策背景支持

2016 年 12 月 7 日，国务院正式印发了《“十三五”旅游业发展规划的通知》（国发〔2016〕70 号），提出要重点建设海南环岛风景道等 25 条国家旅游风景道，要以国家等级交通线网为基础，加强沿线生态资源环境保护和风情小镇、特色村寨、汽车营地、绿道系统等规划建设，完善游憩与交通服务设施，实施国家旅游风景道示范工程，形成品牌化旅游廊道。

根据《海南国际旅游岛建设发展规划纲要（2010-2020）》要求，为加快推进海南国际旅游岛建设，打造海南省环岛旅游公路示范段，助力全域旅游发展，到 2020 年，海南将基本建

航拍海南三亚沿海旅游公路

成交通、旅游和生态保护有机结合、旅游服务设施较为齐全的环岛旅游公路，为基本建成国际旅游岛、全面建成小康社会、创建全域旅游示范省提供坚强保障和有力支撑。而海南环岛旅游公路将成为全国首个建成的国家级风景道——海南环岛风景道。

◎ 资源种类众多

海南省的旅游资源种类众多，有着丰富的地质地貌和植被类型，以及国际级和国家级的特色自然资源。如玄武岩台地、海积平原区、河谷平原区等九类地质地貌类型；热带雨林、橡胶林等十四种具有旅游价值的植被类型；在中部山地地区，集中分布着海南省核心生态环境要素，自然保护区、森林公园、湿地公园、地址公园等，是海南重要的自然类旅游资源；而湿地保护区则集中分布在沿海地区。

除此之外，海南省还拥有具有娱乐价值的旅游资源，以海口和三亚为聚集核心，有着海口石山火山群世界地质公园、文昌航天主题公园等 17 个 5A、4A 级景区。

◎ 历史文化悠久

以海口和三亚为中心，海南具有历史价值的旅游资源呈集聚效应，文昌铺前镇、海口琼山区及攀丹村等是重要的国家级历史文化名村名镇；中共琼崖第一次代表大会旧址、五公祠、丘浚故居及墓、东坡书院等是国家级重点文物保护单位。

海南具有文化价值的旅游资源以中部各自治县的代表性风情小镇为基本空间分布。以黎族、苗族为典型代表的少数民族文化建筑、节气以及风土人情等形成海南特色文化资源。在环岛旅游公路的开发和建设中，同时考虑对海南省历史资源的保护及利用。

◎ 建设资金充足

根据政府投资项目管理的有关规定，海南省发改委组织开展了海南省环岛旅游公路珠碧江段、琼海博鳌段二期、昌江段初步设计和概算咨询评估。其中，昌江段概算总投资14.32亿元，珠碧江段概算总投资4.58亿元，琼海博鳌段二期工程概算总投资1.46亿元。项目投资估算约为163.5亿元，建设资金采用“交控自筹+政府支持+社会资本+市场融资”方式解决。

典型做法

◎ 规划标准设定

旅游公路总体指标的合理确定对道路设计、建设、运营以及自驾游客的体验感和安全性都至关重要。海南环岛旅游公路在设定标准时，并不是只有一套固定不变的标准，而是有灵活多样的多个指标，以适应不同路段的实际情况。

而在旅游公路的速度设计上，要综合考虑各方面的因素，从旅游公路驾驶者的体验感和环保低碳等角度综合分析，最终确定每小时60～40公里的设计速度是较适宜的。而根据相关规定，一级公路的服务水平应不低于三级，二、三级公路的服务水平应不低于四级。海南环岛旅游公路从观光、投资及其他方面综合考虑，服务水平应不低于三级。因此，选择每小时60～40公里的设计速度可以较好地满足了公路的使用需求。海南环岛公路主线一般路段采用双车道三级公路设计标准，设计速度每小时40或30公里，路基宽9.5米，部分路段采用双

车道二级公路设计标准，设计速度每小时 60 或 40 公里，路基宽 12 米。

◎ 规划路线选择

海南环岛旅游公路的具体路线布设以三级公路的技术标准为主，依山顺水，既结合地形、顺应自然，又能充分带动沿线自然景观旅游、休闲带，实现交通与旅游共赢。在路线选择的过程中，也要充分考虑一些选线的原则，如安全性原则、生态优先原则、以人为本原则、与区域规划相融合原则等等。

海南环岛旅游公路东段贯穿文昌市、琼海市、万宁市、陵水黎族自治县、三亚市等沿海 5 个市县，串联沿途特色海湾、特色海角、特色小镇和旅游景区、度假区等；西段贯穿乐东黎族自治县、东方市、昌江黎族自治县、儋州市、临高县、澄迈县、洋浦经济开发区等沿海 6 个市县和 1 个国家级开发区。

除此之外，海南环岛旅游公路通过全域旅游构建旅游路线网络、串联景点，打造“一环、两心、四片、满天星”的环岛旅游带。一环：环岛旅游公路。两心：海口综合服务中心、三亚综合服务中心。四片：北部休闲观光旅游区、东部健康养生旅游区、南部浪漫度假旅游区、西部人文探秘旅游区。满天星：驿站、营地、美丽乡村等。

◎ 规划设施建设

如果说环岛旅游公路串联了海南省的各个景点，为自驾游游客带来了便利，那么公路上旅游配套设施的设置则保障了服务质量。环岛旅游公路设施的设计应以统筹资源、疏解人口、服务配套、活化经济、联络区域为目的，使之成为兴奋点、服务点、激活点。

海南环岛旅游公路规划建设 40 个驿站，是集“旅游服务基地、特色旅游产品、区域整合平台”功能三位一体的综合型旅游服务设施。驿站建设遵循因地制宜的原则，以高工业化水平的建造方式，打造具有海南特色、国际领先、经典传承的绿色驿站、健康驿站、智慧驿站、人文驿站和低碳驿站。

按照所处的环境条件与周边景观资源，驿站将分为自然景观资源型和历史人文资源型两大类。其中，自然景观资源型包括 9 个湿地类、2 个盐田类、4 个悬崖类和 10 个海湾类，历史人文资源型包括 11 个文化展示类和 4 个科技体验类。每个驿站均“一站多能”，既是旅游服务基地，又是特色旅游产品，还可以是区域整合平台，既有独立选址，也有结合旅游度假区、景点、特色产业小镇的美丽乡村布局。

亮点成效

◎ 科学规划，丰富建设理念

在环岛旅游公路规划建设工作之初，海南省便坚持不断丰富建设理念。在建设过程中，各部门时刻紧盯规划方案、科学选线、驿站布点、环境评价等环节，将打造海南省全域旅游标志性项目和传世之作的理念一以贯之。

在科学合理的规划引领下，蜿蜒海陆之间的道路蔓延开来，逐渐与海南省的美景共融共生，与百姓民生福祉协调一致，被赋予的功能也从单一走向多元。生态路、风景路、文化路、智慧路、幸福路也成为它的代名词和定位坐标。

◎ 生态保护，渗透绿色元素

海南的自然资源种类丰富，如何做到修路的同时还不破坏生态环境呢？答案是从顶层出发，在规划设计之初，就将生态文明理念贯穿于环岛旅游公路的整个生命周期。

在海南省自然资源和规划厅的主导下，环岛旅游公路规划之时，就结合人与自然和谐共生的科学自然观、“山水林田湖草是生命共同体”的整体系统观、“实行最严格生态环境保护制度”的法治观，最终确定环岛旅游公路的选线。尊重自然、顺应自然、保护自然的生态保护理念，指导环岛旅游公路的规划、设计、建设和运营的全过程，将环岛旅游公路建设成为优质的生态产品。

◎ 智慧融入，打造现代公路

除了生态保护外，环岛旅游公路还融入了智慧旅游元素。海南环岛旅游公路投资开发有限公司在建设过程中，强调基于

5G 技术、GPS 定位、大数据、物联网等科技手段建设环岛旅游公路，以对接未来开展无人驾驶、无极充电、智能管理等试点工作。比起传统的旅游公路，它将融合更多现代化元素，更好服务游客，是一条现代化智慧公路。

而智慧旅游公路也是海南环岛旅游公路的另一亮点，“一个云平台、两个中心、两个示范段、五个应用平台、N 个系统”的模式推进了交通和智慧旅游的融合，建成具有决策能力、指挥能力和决策能力的智慧旅游交通厅系统，打造“安全畅通、服务优质、绿色低碳、特色突出”的国家级智慧旅游公路。

◎ 功能承载，发展全域旅游

当下，旅游需求呈现多样化、个性化、品质化等特点，而海南环岛旅游公路的建设顺应了旅游市场发展的新趋势、新要求。

在环岛旅游公路上欣赏海南不同风景、感受当地文化，环岛旅游公路为自驾游游客提供了“快进”与“慢游”无缝切换的平台，对海南旅游整体形象挖掘和旅游产品开发都将带来积极影响。

建设环岛旅游公路，也有潜力为海南省打造“吃住行游购娱”于一体的新型环岛旅游业态，形成新的旅游经济带，真正实现全域旅游。

航拍海南万宁沿海旅游公路

专家点评

· 耿松涛 ·

海南环岛旅游公路充分践行全域旅游发展的理念，发挥要素“1+1>2”的规模效应，在人与自然和谐共生现代化过程中，做出了不懈的探索。作为城市发展的脉络，海南环岛旅游公路将生态景观、物流运输、基础服务等要素串联起来，因此需要特别注重其旅游功能与交通功能的融合与平衡。该案例对规划标准进行了优化，对规划路线与规划建设等内容进行了特色化，在生态保护的立足点上，积极融入了智慧旅游元素，打造了以科学理念为指导，以生态保护为主线，以智慧元素为辅助的多功能环岛公路。这一举措对构建业态创新、体验丰富的“交通+旅游”新发展格局产生了积极影响，为保护与开发找到了新的交汇点，为旅游产品创新提供了全新思路与示范。

跨国极致远征的梦想加油站

——黑龙江黑河

在我国遥远的北方边陲，一条奔腾壮阔的黑龙江将中俄两国分开，使黑河与俄罗斯阿穆尔州首府布拉戈维申斯克市隔江相望。从空中俯瞰，两城宛如“双子”星座，被形象地誉为“中俄双子城”。黑河，是一个站在独特地理分界线上的城市，是一个流动着异国风情的北国魅力边城，她正蓄积力量，跑出跨越发展“加速度”。

黑河古称瑷珲，全市共辖 1 个市辖区、2 个县，代管 3 个县级市，总面积 6.87 平方千米，常住人口为 128.64 万人。黑河被誉为“中俄风情之都、北国养生福地”，具有丰富的旅游资源，其独特的地理位置促进了中西方文明的交流碰撞，赋予黑河中俄多元文化的魅力。黑河这座边陲小城，经过多年的发展，实现了美丽蝶变，一步步成长为“世界的黑河”。2020 年 9 月，第三届黑龙江省旅游产业发展大会在黑河召开，建设了多个新项目和新业态，推动了旅游产业的发展。

发展基础

◎ 区位条件优越

黑河位于我国东北边陲，是国务院批准的首批沿边开放城市之一。地处东北亚区域的中心地带，以黑龙江主航道中心为界，与俄罗斯远东第三大城市阿穆尔州首府布拉戈维申斯克市隔黑龙江相望，是中俄边境线上唯一一对规模最大、规格最高、功能最全、距离最近的城市，最近处相距仅 750 米。布拉戈维申斯克市与黑河被誉为“中俄双子城”。黑河因“黑河－腾冲”中国人口地理分界线而全国知名。黑河是一座曾拥有“万国商埠”美称的百年城镇，同时也是“中蒙俄经济走廊”“龙江丝路带”上重要节点城市。

◎ 多元文明共存

黑河对俄文化交流历史悠远，黑河连续成功举办十届中俄文化大集等多次中俄交流活动，推动了中俄两国文化交流和文明互促。黑河民俗文化悠久，域内有汉、满、回、鄂伦春等 39 个民族，是中国北方少数民族文明发祥地之一。黑河知青

黑河知青博物馆

文化典型，走出了王勇、王毅、姜大明等省部级领导，阚治东等著名企业家，梁晓声、聂卫平等文体界名人。黑河红色文化集聚，是重要的“红色通道”。同时，黑河地方文化独特，嫩江古驿站文化、五大连池火山文化、逊克红玛瑙文化等文化集聚，形成了包容并蓄的文化内涵。

◎ 政策机遇叠加

2019年9月17日，中国（黑龙江）自由贸易试验区黑河片区挂牌成立。黑河市被列为黑龙江省“兴边富民试点市”，并且成功举办了黑龙江省第三届旅游产业发展大会。连接中国和俄罗斯两国边境的黑龙江大桥于2022年6月正式通车，黑河公路口岸开通，这使我国东北地区和俄罗斯远东地区之间开辟出一条新的国际运输通道。中俄国际公路客货运输两岸8座以下车辆自驾游已获两国审批，游客可以充分体验来一城游两国览胜多彩美丽黑河的意境；中俄首条跨境索道正处于施工阶段，建成后将有效解决游客过境的不便，并以独特的视角一览中俄两岸的城市风采；北黑铁路（北安至黑河）升级改造过半，建成后将打通全省南北交通“大动脉”。

◎ 数字化为黑河旅游赋能

黑河市智慧旅游服务平台脱颖而出，成为黑龙江唯一入选项目。黑河市智慧旅游服务平台项目主要包括实时数据分析及应急管理——黑河旅游大数据监管服务平台、线上全域旅游服务平台——一部手机游黑河、一站式旅游落地服务平台——黑河旅游服务中心等文化旅游综合数字化服务内容。

典型做法

◎ 主动推进中俄区域合作联动

黑河市主动对接国家“一带一路”倡议，积极参与“中蒙俄经济走廊”建设，全力打造中俄国际合作重要平台城市。加快推进黑龙江公路大桥、跨江空中索道、中俄东线天然气管道等设施互联互通，全力打通对俄跨境合作大通道。主动作为做实中国（黑龙江）自由贸易试验区黑河片区，建设以对俄罗斯及东北亚为重点的开放合作高地，创新与俄罗斯布拉戈维申斯克的合作模式，双方形成“规划统筹、产业互动、政策衔接、利益共享”的协同发展机制。借助中俄建交60周年，举办中国和俄罗斯国家年活动，新增中俄语言年；利用中俄文化大集的影响力，通过“文化+旅游”“文化+科技”“文化+教育”等形式，推出了中俄文化旅游推介会等活动，使黑河与布拉戈维申斯克在文化、贸易等领域的交流与合作不断深入。

◎ 政府推动旅游产业全面发力

一是旅游资源开发升级。政府推动创建了1个国家5A级景区,2个国家级风景名胜区,3个国家级森林公园,5个国家级、11个省级自然保护区。黑河推出中俄边境游与五大连池火山康养游两大核心旅游资源产品，打造“中俄双子城，北国养生地”的旅游品牌。利用黑龙江省第三届旅游产业发展大会，编制《第三届黑龙江省旅发大会总体规划》，围绕“双核四带四区”全新布局，设计中俄边境游、五大连池火山康养游以及“醉美331”风景道休闲体验游、历史文化研学游、红色传承游等“两主六辅”观摩线路。黑河市把旅游发展融于城市建设全过程，政府引导下建成了16个项目30个子项目，让游客置身“天蓝江清、花海林田、人在画中”的全域旅游环境中。同时，出台15条冰雪经济扶持政策，合理开发冰雪旅游资源，支持新建冰雪旅游景区、冰雪旅游度假区等，加快发展冰雪旅游。

二是打造边境旅游特色。黑河是全国异地办证首批试点城市，年出入境人数位居全省25个口岸前列，被俄罗斯人称为“休憩的花园、美食的广场、购物的天堂”。为促进旅游发展，相继开通了“一日游”“两日游”“三日游”“多日游”及“疗养观光游”“休闲购物游”等多种边境旅游项目，让游客收获“来一城，游两国”的旅行体验。包括黑河边境游和五大连池风景区的“情系黑土地”西部旅游线，在全国十大完美旅游线路评选中名列榜首。制定《黑河市鼓励旅行社“引客入市”旅游奖励办法（试行）》，鼓励旅行社招徕团队游客开展入市旅游。

黑河农田自然风光

◎ 景城一体创新发展旅游新业态

“十三五”以来，黑河市重点推出五大连池火山康养游、中俄边境风情游两大核心产品，深度开发红色游、民俗游、自驾游、生态游等拳头产品，做精做强赴俄旅游，在异域风情观光游、乡村旅游、欧式养生保健游、摄影采风游等基础上，着力推出赴俄射击体验、低空飞行体验、火箭发射基地参观、结雅河冷水垂钓等参与性强的旅游产品，开发俄罗斯出境深度游精品线路。

借力第三届黑龙江省旅发大会，对标5A级景区，打造景城一体项目。打造“醉美331”风景道休闲体验游、人口地理分界线主要城市自驾游、五大连池火山康养游、中俄边境风情游、历史文化研学游“五大引爆点”；实施了“一带、一园、一岛、五街、博物馆群”等系列景城一体化项目，一系列新业态旅游产品如雨后春笋。

亮点成效

◎ 从“边陲小城”到“世界的黑河”

黑河，一个站在独特地理分界线上的城市，一个充满着异国风情的北国魅力边城，一个正蓄积力量跑出跨越发展“加速度”的中俄边境城市。经过多年的发展，让黑河这座边陲小城实现了美丽蝶变，一步步成长为“世界的黑河”。先后获得国家卫生城市、国家园林城市、中国十佳空气质量城市等荣誉，“黑河大豆”地理标志、“极境寒养”绿色物产体验中心、中国首个“汽车寒区试验基地”、自贸区黑河片区挂牌成立等“闪亮名片”相继推出，同时还获得了中国优秀旅游城市殊荣，荣膺央视魅力中国城——“中国十佳魅力城市”。中俄文化大集活动更是中俄边境地区全方位合作的典范，在国内外产生了广泛的影响，引发了极大的文化、投资和旅游效应。

◎ 从边境旅游到全域旅游

黑河市文化旅游产业持续发展，成果丰硕，初步形成了吃、住、行、游、购、娱功能齐全、协调配套的旅游业服务体系，为增强文化影响力和城市综合竞争力发挥了积极推动作用。“十三五”期间，黑河市重点推进文旅项目38个，总投资28亿元，完成黑河旅游服务中心基础设施提档升级和小微博物馆群建设，对瑷珲历史陈列馆和黑河知青博物馆进行整体提升改造，一批重点项目建成纳客，形成了一个又一个魅力独特的旅游目的地。

《第三届黑龙江省旅发大会总体规划》深度了挖掘黑河市丰富的生态和文化资源，加强全域统筹、市县区互联互动，全力构建“双核四带四区”的全域旅游新格局，全市上下以“办会兴城、以会兴市”为宗旨，建设了黑龙江大桥公园、瑷珲－腾冲中国人口地理分界线主题公园、中国瑷珲国际汽车营地、龙江民居、知青民宿和小微博物馆群等30个新项目和新业态，推动旅游产业全域发展。

专家点评

· 唐承财 ·

黑河被誉为“中俄风情之都、北国养生福地”，具有丰富的旅游资源，其独特的地理位置促进了中西方文明的交流碰撞，赋予了黑河中俄多元文化的魅力。她通过主动对接国家“一带一路”倡议，积极参与“中蒙俄经济走廊”建设，全力打造并成为中俄国际合作重要平台城市；政府推动旅游产业全面发力，打造边境旅游特色，打造“中俄双子城，北国养生地”的旅游品牌；景城一体创新发展了旅游新业态，实施了“一带、一园、一岛、五街、博物馆群”等系列景城一体化项目。黑河从“边陲小城”到“世界的黑河”，中俄文化大集活动更是中俄边境地区全方位合作的典范，在国内外产生了广泛的影响，引发了极大的文化、投资和旅游效应。黑河从边境旅游到全域旅游，初步形成了吃、住、行、游、购、娱功能齐全、协调配套的旅游业服务体系，为增强文化影响力和城市综合竞争力发挥了积极推动作用。

京津冀经济圈中的璀璨明珠

——河北秦皇岛山海康养旅游度假区

“东临碣石，以观沧海。水何澹澹，山岛竦峙。”千百年前，一代枭雄曹操登山望海，勾勒出大海吞吐日月、包蕴万千的壮丽景象；千百年后，关城依然倚山就势、面海雄立，展现古城风姿。千里燕山、万里长城与广阔海疆在这里奇迹般邂逅，使秦皇岛成为著名的休闲度假胜地。

秦皇岛市位于河北省东北部，辖昌黎县等 3 个县、海港区等 4 个城区及秦皇岛经济技术开发区、北戴河新区。陆域和海域面积分别为 7802 平方公里和 1805 平方公里，2021 年末常住人口 313.43 万，有满族、回族、朝鲜族等 41 个少数民族。秦皇岛市是全国首批优秀旅游城市和国家历史文化名城，素有“长城滨海公园”和“京津后花园”之称，是京津冀经济圈中一颗璀璨明珠。2017 年第二届河北省旅游产业发展大会在秦皇岛市举办，实现了该市由景点游向全域旅游的转变，极大提高了其旅游业核心竞争力。

秦皇岛阿那亚

发展基础

◎ 旅游资源丰富

秦皇岛市自然地形地貌要素齐全，集山地、海洋、沙漠、森林、湿地、温泉、候鸟等多种优质生态资源于一身，空气质量达到国家一二级标准，素有“天然氧吧”之称。昌黎黄金海岸、祖山等国家级旅游景区优势明显，截至 2021 年 8 月，共有 32 家 A 级旅游景区。秦皇岛市文化底蕴丰厚，两千多年历史留下众多历史掌故和人文遗迹，山海文化、长城文化、海洋文化等多种文化交相辉映。这些为秦皇岛市旅游业发展提供了绝佳的资源条件。

◎ 区位交通便利

秦皇岛市地理位置优越，交通条件良好。秦皇岛市位于环渤海经济圈和京津冀都市圈，地处华北和东北两大经济区结合部。多条高速公路与国道贯穿全市，“大”字形高速公路网及“三纵六横九条线”的公路主骨架逐步形成，为构建“京津冀1小时经济圈”奠定了基础。在旅发大会后，多城区间建起多层次旅游快速交通体系，重点旅游区域的可通达性提高。

◎ 政策条件利好

2015年“健康中国”首次上升为国家战略，开启了中国旅游市场“大健康”时代。《河北省“大健康、新医疗”产业发展规划（2016—2020年）》提出将康养旅游产业作为省未来五年主导产业之一，秦皇岛市为重点发展对象。2017年第二届省旅发大会首次提出规划建设秦皇山海康养旅游度假区，同年该项目被《河北省重点投资旅游招商手册》列入省级引擎项目。《河北省国家全域旅游示范省创建规划》提出要将其建设为国家级旅游度假区。

典型做法

◎ 聚焦旅发，高效做优旅游产业

顶层设计，明确旅游发展目标。2017年第二届省旅发大会围绕“打造世界一流滨海康养旅游度假区”主题，规划建设面积为2000多平方公里的秦皇山海康养旅游度假区，涉及7个县区、23个乡镇、394个村和72万人口，包括15个观摩旅游项目、9项环境提升工程、多景区升级及87个美丽乡村建设，突出全域旅游、四季旅游、生态旅游和健康旅游等发展理念，打造六大业态，构筑全域全季全业态旅游格局。此外秦皇岛市先后制定了《“十三五”旅游业发展规划》《第二届省旅发大会总体规划》和《全域旅游发展规划》，以更好地谋划旅游业发展。

招商引资，夯实旅游发展基础。秦皇岛市以30亿元基础设施和环境投入，撬动社会投入300亿元规划建设秦皇山海康养旅游度假区，相继引进多家战略投资商，围绕全域旅游示范区、特色小镇、旅游精准扶贫及乡村游片区建设等领域，与中建设计集团等企业进行全方位合作，共同打造一批四季皆宜、产业融合、品质高端的旅游项目，丰富旅游业态。

精进服务，提供旅游全新体验。秦皇岛市借助旅发大会，提升智慧旅游建设水平。运用“互联网+”等新技术，开发了智慧会务系统，实现“抵达反馈、快速签到、电子提醒、信息展示、数据统计”五大功能。同时秦皇岛市建设了“一网三平台一中心”：智慧旅游门户网、智慧旅游公共服务平台、营销平台、管理平台以及大数据中心，实现了吃住行游购娱的“一站搞定”。此外建立起常态化培训机制，在大会集中展示了旅游警察支队、旅游巡回法庭等旅游体制机制改革成果。

◎ 突出康养，大步推进山海康养融合发展

建设品牌形象。秦皇岛市以“秦皇山海，康养福地”为品牌打造秦皇山海康养旅游度假区，制定“滨海疗养，休闲夏都”的康养特色旅游新品牌，以“山海为体、康养为魂”为旅游发展理念，制作了融合长城、海洋等市旅游要素的旅发大会标识和吉祥物，叫响“要想身体好，就来秦皇岛”的口号，以树立

秦皇岛康养福地的旅游形象。

修复生态环境。为更好推进项目落地、迎接旅发大会，秦皇岛市对矿坑公园、山海旅游铁路、渔岛温泉等旅发大会项目实施了美丽乡村、景观绿化、节点提升、水系治理、山体修复、秩序整治 6 大类 223 项工程，并且率先出台了《河长制管理实施方案》，推动治水常态化长效化。

落地康养项目。秦皇岛市紧扣康养主题，将秦皇山海康养旅游度假区打造为海洋、红酒和山地康养旅游三大片区，积极构建“政、产、学、研、用”为一体的新型健康产业发展模式。国际康养旅游中心、北戴河生殖医学中心等一批签约项目纷纷落地，产业聚集效应开始显现，共对接各类生命健康领域企业及团队 150 余家，签约项目 32 个。此外，多种业态呈现康养特色，温泉度假、海上垂钓、红酒疗养等从多角度满足游客的康养需求。

◎ 三维发力，构筑全域全季全业态发展格局

构建旅游新格局，实现全域旅游。通过资源整合，山海联动，秦皇岛市实现了单一景点向全域旅游的转型，拓展了旅游空间。41 公里山海旅游铁路和 75 公里环长城旅游公路串联起秦皇岛市的山海、长城、地质遗迹、古堡村落等特色景观，拉长了旅游线路。秦皇岛市以路串点、以点带面，通过实施系列国省干线绿化提升工程构建了“上山、下海、进村”的旅游新格局。

拉长旅游时间轴，实现全季旅游。为实现由旺季旅游向四季旅游的转变，提高旅游收益，多个以全年为适宜旅游时间的项目陆续落地，秦皇岛渔岛海洋温泉景区、国际康养旅游中心、金士红酒养疗庄园等成为全季旅游目的地，打破了秦皇岛市“夏

秦皇岛黄金海岸

季旺盛，冬季冷淡，一年得有半年闲”的僵局。

实行“旅游+”模式，实现全业态旅游。秦皇山海康养旅游度假区围绕发展四季型、融合类、新业态旅游项目这一任务，通过将艺术、农业、红酒文化、健康文化与旅游结合、智慧旅游和公共服务创新、老景区升级、景区带动小镇从而小镇带动乡村等方式，打造一系列代表性项目，培育了“滨海度假、长城文化、海上娱乐、康体养生、山地生态、红酒休闲”六大业态。

亮点成效

◎ 转型升级：形成了全域旅游发展格局

通过举办旅发大会，秦皇岛市实现了从“景点游”向“全域游”，从“旺季旅游”向“全季旅游”的转型，培育六大业态，以“上山、下海、进村”为方向，构筑了全域全季全业态旅游发展格局。旅游经济发展提速升级，2017-2019年秦皇岛市旅游接待总人次和总收入年增长均超过16%，旅游业对市生产总值贡献保持在44%以上，先后成为全国文明城市、中国旅游竞争力百强市、文旅融合高质量发展最佳表现城市等，秦皇岛渔岛海洋温泉景区、联峰山景区等旅发大会项目被评定为国家4A级旅游景区。目前全市已有旅游景区景点66家、星级酒店32家、旅行社216家、乡村旅游村90余个、民宿2200余家、特色文创旅游商品六大系列1200余种、各语种导游人员2500余人，并打造了滨海休闲度假之旅、长城之首经典之旅等12条旅游经典线路，实现了旅游业转型升级和提质增效。

◎ **紧扣康养：擦亮了康养旅游招牌**

秦皇岛市抓住旅游大会发展机遇，实现了向康养旅游转型，“秦皇山海，康养福地”的旅游品牌影响力不断放大，该市以“首批全国优质康养休闲旅游胜地”荣登“2018旅游业最美中国榜”，同时入列国家康复辅助器具产业综合创新试点，成为国家城企联动普惠养老专项行动首批试点城市，2020年在全球及中国避暑名城中分别位列第40和第7。秦皇岛市被确定为中国康复辅助器具产业创新大会永久会址，陆续推出滨海穿越游、自然深呼吸、康养微度假、健康养生游等多条康养旅游线路，“十三五”时期康养产业增加值占地区生产总值比重达到了9.2%，康养已然成为秦皇岛市旅游业的金色名牌。

◎ **聚焦设施：完善了旅游服务支撑体系**

秦皇岛市推进智慧旅游建设，构建旅游立体交通、住宿服务、旅游标识和咨询集散四大系统，满足游客多方面体验需求，实现全民共建共享全域旅游。城市路网结构更加优化，城市区各组团间基本形成三线连三网大路网格局，获评全省最畅通城市称号。农村人居环境获得极大改善，“十三五”时期秦皇岛市改造农村厕所37.7万座，畜禽规模养殖场废弃物处理设施配建率达到99%，农村垃圾收集处理率达到95.7%，成功创建3个中国乡村旅游模范村和4个国家乡村旅游重点村。

专家点评

· 邢慧斌 ·

秦皇岛借助举办第二届河北省旅发大会，重点打造了“秦皇岛海康养旅游度假区”。秦皇岛围绕“打造世界一流滨海康养旅游度假区”的目标，充分依托丰富的康养旅游资源和便利的区位交通以及优越的政策条件，打造优质康养旅游项目和全域旅游发展格局。主要通过旅游业态转型升级、完善旅游服务支撑系统以及加大宣传和品牌建设，逐渐树立了康养福地的特色旅游形象，带动康养产业健康和快速发展。目前全国很多地方都将康养旅游作为旅游产业转型升级的主要路径之一，秦皇岛紧扣康养，全域推进康养旅游的做法具有较大的借鉴作用。

图书在版编目（CIP）数据

新时代旅游高质量发展案例 / 首届湖南旅游发展大会组委会办公室主编. —长沙：湖南人民出版社，2022.9
ISBN 978-7-5561-3038-2

Ⅰ. ①新… Ⅱ. ①首… Ⅲ. ①旅游业发展—案例—中国 Ⅳ. ①F592.3

中国版本图书馆CIP数据核字（2022）第166667号

新时代旅游高质量发展案例
XIN SHIDAI LÜYOU GAOZHILIANG FAZHAN ANLI

主　　编：首届湖南旅游发展大会组委会办公室
执行主编：郑群明
出版统筹：黎晓慧　陈　实
产品经理：傅钦伟　苗　雨
责任编辑：聂双武　傅钦伟
责任校对：杨萍萍　丁　雯
封面设计：陶迎紫　谢俊平

出版发行：湖南人民出版社［http://www.hnppp.com］
地　　址：长沙市营盘东路3号　　邮　　编：410005　　电　　话：0731-82683313

印　　刷：长沙艺铖印刷包装有限公司
版　　次：2022年9月第1版　　印　　次：2022年9月第1次印刷
开　　本：710 mm × 1000 mm　1/16　　印　　张：17.5
字　　数：190千字
书　　号：ISBN 978-7-5561-3038-2
定　　价：98.00元

营销电话：0731-82683348（如发现印装质量问题请与出版社调换）